Helping Children with
Selective Mutism
and Their Parents
A Guide for School-Based Professionals

先生とできる

場面緘黙の子どもの支援

著■クリストファー・A・カーニー
監訳■大石幸二　訳■松岡勝彦・須藤邦彦

学苑社

Helping Children with Selective Mutism and Their Parents:
A Guide for School-Based Professionals
by Christopher A. Kearney, Ph.D.

Copyright©2010 by Oxford University Press Inc

Helping Children with Selective Mutism and Their Parents: A Guide for School-Based Professionals, First Edition was originally published in English in 2010. This translation is published by arrangement with Oxford University Press.

本書のねらい

　本書は、場面緘黙の理解と支援について読者の助けになるものである。本書は、カウンセラー、担任の先生、管理職、学校心理士、ソーシャルワーカーなどに向けて記されており、読者であるこれらの専門家に、場面緘黙の特性（たとえば社会的な不安、反抗的な行動、コミュニケーションの困難など）ともっとも共通した臨床的徴候を解説している。児童生徒が示す慢性的な緘黙行動の型と機能を明確にする方法として、児童生徒の学校生活、その他の社会的場面、学業活動における言語的な参加を促す効果のあるエビデンスに基づいた支援方略を提供している。各章では、保護者との協働のあり方やぶり返しの防止、そして特殊な問題への取り組みなどについても紹介する。図、具体例、ケースの詳細、あるいは質問への回答などが数多く用いられ、読みやすく、かつ使いやすい工夫がなされている。子どもを専門とする心理士や精神科医、ソーシャルワーカー、そして小児科医といった専門家と場面緘黙の子どもたちに直接かかわる教育関係者に必要不可欠なものである。

目 次

本書のねらい　1

第1章　場面緘黙や話すことを嫌がる子どもの定義と説明　5
本書の目的　6
本書で扱うケースの種類　6
場面緘黙（診断的特徴）　8
場面緘黙の特徴　11
場面緘黙の疫学、経過、家族要因　16
話すことを嫌がる　17
場面緘黙や話すことを嫌がる子どもの作用モデル　18
本書で扱う介入方法の紹介　20

第2章　場面緘黙や話すことを嫌がるケースの評価　29
場面緘黙や話すことを嫌がる子どもに特化した面接の質問　30
場面緘黙や話すことを嫌がることに特化した方法　40
場面緘黙に関連する行動基準　46
行動観察　54
記録の再検討　57
評価情報のまとめ　57

第3章　家庭場面でのエクスポージャー法に基づく実践　61
不安の概要　62
エクスポージャー法に基づく実践の概要　64
両親と子どもへのコンサルテーション　65
階層の作成　69

呼吸法とリラクセーション・トレーニング　73
　　家庭訪問とエクスポージャー法に基づく実践　78

第4章　地域や学校場面でのエクスポージャー法に基づく実践　87
　　階層の作成　88
　　地域社会でのエクスポージャー法に基づく実践　92
　　学校場面でのエクスポージャー法　98
　　ソーシャルスキル・トレーニング　106
　　話すことについての不合理な認知への介入　113

第5章　随伴性マネジメント　117
　　両親と子どもとへのコンサルテーション　119
　　報酬と罰を決める　122
　　反抗行動や場面緘黙に対する随伴性マネジメント——両親にできること　124
　　反抗行動や場面緘黙に対する随伴性マネジメント——先生にできること　127
　　代替行動の消失　131
　　エクスポージャーに基づく実践の勧め　132
　　随伴性マネジメントに関連するその他の技法　134

第6章　コミュニケーションに問題を抱える子どもへの支援方略　137
　　特異的言語発達障害とコミュニケーション障害　138
　　コミュニケーション障害と場面緘黙　140
　　コミュニケーション障害への介入　141
　　コミュニケーション障害と場面緘黙の総合的な介入　144
　　セルフモデリング　149

第7章　ぶり返し防止、他の介入および特別な問題　153
　ぶり返し防止　154
　場面緘黙のためのその他の教育的介入　161
　場面緘黙への教育的介入の特別な問題　165

監訳者あとがき　173
　文献　175
　索引　182

装丁　有泉武己　／　装画　はやしみこ

場面緘黙や話すことを嫌がる子どもの定義と説明

　ジェニーは家にいても、見知らぬ人が現れると、何も話さなくなる。両親とは言葉を交わす。両親だけが側にいる時は、はっきりした口調で話す。だが見知らぬ人が現れると、口を閉ざし、母親の後ろに隠れてしまう。そんな時、ジェニーは両親の注意を引くために、指さしやかん高い叫び声を非言語的なコミュニケーションの合図として用いる。ジェニーが黙り込むと、両親はこうしたサインを手がかりにコミュニケーションの方法を工夫する。

　ミゲルはバイリンガルの家庭に生まれた。学校に行っても、先生や友だちと話をせず、学校以外でも自宅を離れた時は同じ傾向を示す。しかし、家庭でははっきり話す。自宅以外の社会的な場面では、低く押し殺した声で話す。他者との交流が必要な状況で話しかけられると、口をつぐんでしまう。気が動転して相手の目を見ることさえできない。そんな状況にミゲルは怒りや不満をもっているように見える。

　サニーは、学校の行事に参加するし、非言語的な課題であれば成績はよい。しかし、学校では一切話をしない。クラスで先生の質問に答えること、皆の前で音読すること、小集団の中で話すこと、あるいは学校のトイレに行ってもよいか尋ねることさえ拒む。友だちもおらず、独りでいることが多い。家庭では話をするが、来客があると黙り込む。

　ジオンは学校では何も話さない。家庭では、活発とはいえないまでも、家族と言葉を交わすが、継父と話すことは避けているようだ。あまり親しくない来客があると、母親にしか話さなくなる。ジオンは誰とも話をしないため、学校生活が困難になり、成績も良くない。家族以外の人と交流することを避ける傾向が強い。

　こうしたケースをご存じだろうか。教育の専門家であれば、社会的な状況で何も話さず（場面緘黙）、黙り込んでしまう子どもや何人かの青年をご存じのはずだ。彼らが寡黙なことは、学校関係者をイライラさせる一方、そうした子ど

もの学業や社会的経験に大きな影響を及ぼす。著者のような子どもを専門とする臨床心理士（clinical child psychologist）は、様々な教育の専門家と同じく、場面緘黙児に対する支援を何年も行なってきたため、その改善がいかに難しいかよく分かっている。本書では、場面緘黙児の支援に役立つ専門的知見を紹介する。また、本書の目的を説明し、場面緘黙児に顕著な特徴、評価と介入の前提となる場面緘黙を理解するモデルの概要を説明する。また、話すことを嫌がるが、完全な場面緘黙ではない子どもについても触れる。

本書の目的

本書の目的は、場面緘黙や話すことを嫌がる子どもの特徴を明らかにすること、その評価と支援に関して、実践可能な方法を具体的に紹介することである。本書は、場面緘黙児を支援する学校関係者を対象としている。学校関係者とは、学校に勤務するソーシャルワーカー、学校心理士、子どもの支援を行なうカウンセラー、常勤と非常勤の先生、管理職、養護教諭、その他のスタッフなどを指す。本書で紹介する内容は、心理学者、精神科医、小児科医、他の保健医療の専門家と児童生徒の緘黙症状について話し合う際に役に立つだろう。保護者と協力して、場面緘黙児を支援する際の資料としても活用していただきたい。

本書で扱うケースの種類

本書で扱うケースは、比較的症状の軽い場面緘黙である。そのため、本書に記載した支援方法は、学校で上手に話す子どものニーズに応えているわけではない。また、本書で紹介する支援方法は、何年も続く場面緘黙のケースへの絶え間ない支援や、深刻な学習障害、気分障害、注意欠陥・多動性障害、反社会的で攻撃的な問題、薬物乱用、広汎性発達障害*（自閉症スペクトラム障害）、あるいは精神疾患などの重篤な併存する問題などの支援にはあまり役に立たない

［訳者註］
*広汎性発達障害：本書は DSM-IV-TR 版から DSM-V に診断基準が切り替わる時点で執筆されており、先行研究はむしろ前者に準拠するものが多い。よって古い診断名も登場する。

> **コラム　保健医療の専門家への相談**
>
> 　広範囲に及ぶ多因性の病理的な問題が併存しているなど重篤な場面緘黙のケースについては、保健医療の専門家に相談することをお勧めする。子どもを専門とする臨床心理士は、重度の行動問題を抱える子どもの支援に精通している。精神科医は、重度の行動問題を抱える子どもに治療薬を処方できる。日常生活に支障をきたすほど重度の行動問題を抱える子どもに関しては、子どもを専門とする臨床心理士と精神科医に相談するとよい。ソーシャルワーカー、あるいは家族や夫婦の問題を扱うセラピストなどの保健医療の専門家は、その家族を助けるのに役立つかもしれない。
>
> 　保健医療の専門家を家族に紹介する際は、上記のような特定の問題に精通している身近な人物に相談するとよい。たとえば、保健医療の専門家は、薬物乱用とうつ病に関する専門的な知見を有している。また別の保健医療の専門家は、学校の関係者と協力して、学習障害、注意欠陥・多動性障害、あるいは重篤な場面緘黙などの問題に対する支援を提供している。理想的には、場面緘黙児とその家族に紹介する保健医療の専門家は、子どもが抱える問題をどのように治療するかを把握し、できれば、類似した傾向をもつ子どもに有効な支援マニュアルにも精通していることが望ましい。
>
> 　地元の大学の心理学部でコンサルテーションを受けることは、家族の状態に最も適合した専門家を探す第一歩となる。そうした大学が地元になければ、知り合いの心理学者や精神科医に相談してほしい。また、場面緘黙児が通う学校に勤務しているセラピストや、その学校に勤務していた人に相談してもよい。さらに、米国精神医学会（APA）、米国行動・認知療法学会（ABCT）、米国心理学会（PSYCH）など、インターネット上の全米規模の保健医療専門家に相談してもよいだろう。

かもしれない。上記のような症状が併存するケースには、心理学的、精神医学的なサービスが必要である（コラム参照）。

　本書は、緘黙症状の原因が不明な場合にも役立つ。緘黙症状が子どもに対するいじめなどの現実的な脅威が原因で生じている場合は、本書で説明する支援方法を適用する前に、その脅威を解消しなければならない。しかし、脅威を解消した後も同じ症状が続くようならば、本書の支援方法を適用することになる。本書では、子どもの場面緘黙の状態に焦点を当てる。次節では、場面緘黙

と緘黙に関連する状態を表す専門用語を定義する。さらに、それ以降の節では、場面緘黙児の他の特徴と、次章で推奨するアセスメントや介入の基礎的知見となるモデルを紹介する。

場面緘黙（診断的特徴）

場面緘黙に関しては、様々な専門用語があるため、読者は混乱するかもしれない。場面緘黙児に関する文献は、教育、心理、精神医学、小児医療など、様々な分野で散見される。歴史的に見ても、場面緘黙には、次表に示すように様々な専門用語が用いられてきた（表1.1参照）。

表1.1 現在までに場面緘黙に関連して用いられた専門用語

・発話恐怖（Speech phobia） ・発語への"はにかみ"（Speech shyness） ・発語抑制（Speech inhibition） ・発語回避（Speech avoidance） ・抑圧された発語（Suppressed speech） ・聴覚的に正常な緘黙（Hearing mute） ・学習性の緘黙（Learning mutism） ・ヒステリー性緘黙 　（Thymogenic mutism） ・意志的緘黙（Voluntary mutism）	・発声器官の不具合による緘黙 　（Ideogenic mutism） ・部分的な緘黙（Partial mutism） ・心因性緘黙症（Psychogenic mutism） ・Heinzeが提唱した緘黙（新しい環境への過敏さが強調されている）（Heinzian mutism） ・心理的な要因による緘黙 　（Psychological mutism） ・場面緘黙症（Situation-specific mutism） ・一時的緘黙（Temporary mutism） ・機能的緘黙（Functional mutism） ・場面緘黙の以前の呼称（意図的に話さない点が強調されている）（Elective mutism）

現在では、専門用語として「場面緘黙」が使用されている。この用語は、「他の場面では話すにもかかわらず、特定の社会的な場面で話すことを求められても、話すことが困難である（米国精神医学会, 2000, p.125参照）」という主要な診断基準を満たすと適用される。ミゲルのような場面緘黙児は、学校、レストラン、公園、ショッピングセンター、校庭など、多数の人がいる状況を始め、あらゆる社会的な場面で話すことが困難であり、話すことを嫌がる。

このような話すことの困難さは、長期間に渡り継続し、状況を変えることに

抵抗しているように見える。さらに、話すことの困難さは、たとえば、ほとんどの子どもが話すことが自然な学校のような、話すことを求められる状況で生じる。コンサート会場のように、注目と傾聴が求められるが、話すことが求められない状況だけで上記のような問題が発生するようならば、場面緘黙とは診断されない。

　場面緘黙に対する支援の大切なポイントは、場面緘黙児が快適で安心できる状況では饒舌に話すということである。ジオンのような一部の児童を除き、ミゲルのような場面緘黙児は、自宅では明瞭に話す。著者が出会った場面緘黙児や文献に登場する場面緘黙児のほとんどは、両親やきょうだいなど、親しい人と一緒にいる時は話をする。そして多くの親は、子どもが「家ではよく話す」と言い、子どもが社会的な場面で寡黙な様子を見たり、そのことを学校関係者から伝えられたりすると非常に驚く。一部の場面緘黙児は、相手と対面しない状況ならば、電話で話すように、学校心理士のようなあまり親しくない人とも話せる。人と直接向き合わず、ドア越しならば、話せるのである。

　多くの場面緘黙児が家庭ではよく話すという事実は、2つの重要な事柄を示唆している。1つは、緘黙の問題が、音韻の障害、表出性の言語障害、混合性の言語障害、あるいは吃音(きつおん)といったコミュニケーション障害がはっきりした原因ではないことである。場面緘黙児は通常、適切かつ明瞭に話す。つまり、話す能力をもっている。一方、コミュニケーション障害や発達障害に起因する場面緘黙もある。たとえば、場面緘黙が吃音(きつおん)には起因しないが、緘黙と吃音(きつおん)が併存しており、両者が相互に影響する場合などである。就園前は吃音(きつおん)がありながらもある程度しゃべっていたが、幼稚園に入ってから誰とも話さなくなったジャスティン（5歳）のケースを考えてみよう。ジャスティンは、話すことが困難であったために、言葉を発する機会が不足して、吃音(きつおん)の改善が遅れたかもしれない。また、どもるために、話をしようとしない状態が持続したとも考えられる。

　家庭ではよく話す場面緘黙児に関する2つ目の問題は、子どもが抱えている問題に親が気づかないことである。多くの親は、子どもが内気であるために外で話をしないと解釈し、いずれ健全に成長すると考える。場面緘黙は、確かに

極度の内気さや対人不安に関連するが、緘黙状態はさらに深刻で広範な問題を伴う。不幸にも、場面緘黙児をもつ親の多くは、治療法を探すことが遅れたり、そもそも探さなかったりする。場面緘黙の発症年齢は平均3～6歳であるが、仮にすべてうまくいっても、親は子どもが6～8歳になるまで医師に相談しないことが多い。そういう意味では、読者や他の学校関係者、あるいは同級生がかかわった時に、場面緘黙児が小学校の生活で明らかに問題を示すことはよい兆候といえる。それが子どもを支援する最良のタイミングなのである。

　場面緘黙は、たいてい子どもの学業的達成や就職に関する課題の達成、社会的コミュニケーションを阻害する（APA, 2000）。多くの場面緘黙児は、同級生と話さないが、非言語性コミュニケーションを通じて友だちを作ることもある。こうした子どもの多くは、標準的な言語検査を受けることができず、話したり、説明する必要がある教科を学習することが困難であり、教室で先生の質問に答えることが難しい。トイレに行く許可をもらうことも苦手な場合もある（本章冒頭のサニーのケースを参照）。こうした困難な状態は、幼稚園や小学1年生の頃は学業の達成における重篤な阻害要因にはならないが、学年が進み、学業課題がより複雑で自律的になるにつれて、重篤な阻害要因になることがある。前述したジオンのケースでは、高学年になり、こうした問題が表面化したことに注意してほしい。

　場面緘黙は、症状が少なくとも1ヵ月間継続することが条件となるが、発症時期は学校に入学してから最初の1ヵ月間に限定されない（APA, 2000）。幼稚園などの新しい環境に入ると、多くの子どもは内気になり、話すことを嫌がる。しかし、ある学校関係者が3年生か4年生の児童が言葉を発したところを一度も聞いたことがないと言ったように、場面緘黙児は、それから数ヵ月、あるいは数年たっても、社会的な場面で言葉を発しないのである。場面緘黙は、これほどまでに広範で長期的な問題となる。

　場面緘黙の診断基準の最後の1つは、話すことへの抵抗が、「社会的な場面で必要な話し言葉に関する知識が欠けていることや、家庭生活が心地良いことには起因しない」ということである（APA, 2000, p.127）。たとえば、両親が英語を母国語としない移民で子どもがまだ移住したばかりであれば場面緘黙と診断

第 1 章　場面緘黙や話すことを嫌がる子どもの定義と説明　11

表1.2　場面緘黙の診断基準

・他の場面では話すが、発話が期待される社会的な場面では、失敗を繰り返す
・学業、就職、社会的コミュニケーションに重篤な障害が生じる
・就学直後の1ヵ月間を除き、緘黙症状が少なくとも1ヵ月以上続く
・緘黙症状が、社会的な場面で必要とされる話し言葉に関する知識の不足や家庭生活の居心地の悪さとは別の原因で起こる
・緘黙症状がコミュニケーション障害で説明されず、発達障害、統合失調症、他の精神障害が生じていない時にも起こる

米国精神医学会（2000）より

されない。しかしながら、場面緘黙や話すことを嫌がる多くの子どもは、両親が英語を第2言語として話している。本章の冒頭で紹介したミゲルのケースを思い出してほしい。著者は、スペイン語、タガログ語、ロシア語、あるいは英語以外の他の言語を家庭で話す両親を持つ多くの子どもと1年以上接してきた。両親の母国語が英語でない場合、その子どもは、学校や英語を話す人々に囲まれた状況でうまく話せないことが多い。第7章では、こうしたケースについて詳述する。場面緘黙の診断基準を**表1.2**に示す。

場面緘黙の特徴

　場面緘黙児には、障害と認定する公式な診断基準ではないが、緘黙症状を理解する上で重要な特徴がいくつかある。複数の研究者たちが指摘している「発語不安」や「発語恐怖」は、多くの場面緘黙児に共通している。本章の冒頭で紹介したサニーのような場面緘黙児は、他者との会話、会話への参加、ドア越しの応答や電話での会話、あるいは先生の質問に答えることなど、社会的な場面を避けることが多い。一部の場面緘黙児は、クラスメイトの前で音読するなど、特に音声言語表現で皆から注目される場面も避ける傾向がある。また別の場面緘黙児は、社会的な場面で話すように求められると、両親に抱きついたり、陰に隠れたり、走り去ったり、泣いたり、立ちすくんだり、癇癪（かんしゃく）を起こしたりするなど、不安に基づく行動を示す。

　場面緘黙の中には、彼らが話さなくてはならない状況に直面すると不安や心配を示す身体的な反応が現れる子どももいる。それは、筋緊張、身震いや震

え、発汗、過呼吸、心拍数の急な上昇、吐き気、めまい、他のパニックなどの症状であったりする。不幸にも、こうした症状の一部は、周囲から発見されにくく、場面緘黙児はこうした症状を言葉で明確に訴えることがない。またその一方で、こうした症状をまったく示さない子どももいる。

　場面緘黙児の多くは、彼らの幼さや話すことを嫌がる態度が影響して、特定の不安にかられた思考を表出しないことがある。しかし、前文と意味が逆になるかもしれないが、彼らの一部は、話すことで否定的な結果が生じると考えているかもしれない。そして彼らは、うまく話せるようになりたいという望みを伝えられないことで、他人から嘲笑されたり、無視されることに気づくかもしれない。場面緘黙児は、話すように周囲から説得されるにつれて、これらの気づきを表出する。文献の中で場面緘黙の治療に成功したケース報告を読むと、「まるで言葉が私の足の指の間に挟まっていたようだ」といったように、自身が話すことを封じ込められたかのような状態がよく語られている。こうした子どもたちは、上述したように、自分の行動を洞察しているのである。

　多くの場面緘黙児は、内気で、臆病で、遠慮がちで、無口で、抑制的である、と文献には記されている。こうした性格的な特徴は、社会不安の症状と似ている。また、場面緘黙児の一部には、社会的引きこもりが見られる。うつの症状と場面緘黙は、悲しんでいる状態や会話が少ない状態が部分的に一致し、さらに一部の子どもには両者が併発していることがある。親しい家族以外とは社会的な相互作用を避ける傾向が強くなったジオンのケースを思い出してほしい。このような社会的な引きこもりは、抑うつ状態やうつ病に結びつくかもしれない。

　場面緘黙児は、反抗的で、操作的で、頑（かたくな）であるという報告もある。一部の子どもたちは、話すことが不安なのではなく、話すことを故意に避けているのかもしれない。こうした子どもたちは、話さないことで、親や他者から逃れようとしているのだろう。話すことを頑（かたくな）に拒否するケースもある。エマは幼稚園に通う５歳の女子である。就園する年齢になっても社会的な場面で話さない状態が続いたが、話をするよう介入が行なわれた際、心的外傷や他の何か強固な要因があることが疑われた。エマのような子どもに対する介入では、発話への対

応とそれ以外の行動への対応を分けて強化の方法を工夫する必要がある（第5章参照）。

　場面緘黙児に共通する特徴として、発達の遅延や対人コミュニケーションの困難も指摘されている。場面緘黙は、発達の遅滞やコミュニケーションの困難だけを原因としていないが、両者が併存することが多いと指摘した点には注意してほしい。著者のクリニックに来院したエイプリル（5歳の女の子）のケースを紹介しよう。彼女は、家庭でもめったに話さず、たとえ口を開いても、低い声で不明瞭にしか話せなかった。非音声言語標準化テストを実施した結果（第2章を参照）、知的機能が平均以下であり、それが彼女の発語の乏しさに影響していた。こうしたケース、特にそれが年少の児童である場合、発達の遅滞と場面緘黙の要因を切り離すことは非常に困難である。第2、6、7章では、これらのケースについて詳細に検討する。

　場面緘黙の一部は、心的外傷が元になった反応と関連すると指摘する研究者もいる。心的外傷を経験した子どもたちは、社会的な引きこもりや言語表出が極端に少なくなる。たとえば、ジオンが義父と話さないのは、意図的ではないにせよ、自然に発せられた危険信号なのである。このような場合には、言語表出を極端に抑制する学校における脅威や他の文脈的要因などと同様に、子どもの心的外傷に関する最近の履歴を明らかにする必要がある。また、子どもが話さないことの中には、それで適応している場合があることも銘記すべきである。たとえば、身体的な虐待を避けるために、寡黙であり続ける子どもは、場面緘黙とは診断されない。虐待から解放された後も、話すことに困難な様子を示すようならば、本書で紹介する手続きが有効となる。

　緘黙の下位分類、あるいは関連する特徴として場面緘黙児に共通する他のこととしては、会話を代替する行動がある。こうした行動は、ジェニーのように、他者と交流するための非音声言語的な表現方法として使用される。一般的な例としては、指さし、ジェスチャー、口笛（whistling）、うなずきや首振り、足を踏みならすこと、親の耳元でささやくこと、他人の服を引っ張ること、あるいは指で宙に文字を書くことなどが挙げられる。また、発話の代替行動としては、うなり声、奇妙な、あるいはかん高い叫び声、「アー（Ah）」は「はい」

であり、「ウー（un）」は「いいえ」を表すような文法的に不完全な発語もある。発話の代替行動が少なくなることは、場面緘黙児の治療で重要な徴候であり、完全な発話を目指して親や先生と一緒に広範囲に治療が実施される（第5章参照）。

　子どもは、様々な理由から場面緘黙を示すが、そのすべてを明らかにしなくてはならない（第2章参照）。一般的に共通する場面緘黙の先行条件、あるいは会話に失敗する「直前」に起こっていることには、以下の欲求が働いている。

・不安を低減したいという欲求
・他者からの社会的、感覚的フィードバックを得たいという欲求
・発話スキルが非効率で未発達だと悟られることを避けようという欲求

　こうした先行条件は、前述した場面緘黙における社会不安の構成要素とある程度関連する。自分が発した声に周囲がどのように反応するか気づいたばかりに、話ができなくなったサラ（7歳、女子）のケースを考えてみよう。サラの親は、サラが、言葉を交わすことなく、知り合いから抱きしめられることや、愛情を表す他の身体的なサインを示されることを楽しんでいると報告している。
　一般的に場面緘黙に共通する後続条件、あるいは話をしなかった「直後」に起こっていることは、たいてい、親、同級生、先生による次の対応を含んでいるかもしれない。

・子どもの課題を完遂する、あるいは子どもへの働きかけを再度試みる
・場面緘黙児を順応させるための場面設定を再調整する
・ひそひそ話や他のおしゃべりの代替行動を容認する

　社会的な場面で話さないコルビー（6歳、男子）のケースを見てみよう。彼の親は、レストランで食事をする時、コルビーに代わって注文する。コルビーが話さないことを学校関係者に説明し、話すことを求められる誕生日パーティーや他の社会的なイベントを彼が避けても、それを容認している。また、コルビ

ーのクラスメイトたちは、「コルビーは話さない」と周囲の人に伝え、彼の要求を「翻訳」するか、他のやり方で代わりに伝えようとする。担任の先生は、コルビーがトイレに行きたい時は、写真を何枚か見せて、要求に該当する写真を指さすよう求めている。

　最後に、場面緘黙のより深刻なケースとして不登校がある。本書では登校拒否行動について触れないが、この問題に関心のある方々のために、参考文献を紹介する。最初に、一過性の、あるいはそれほど深刻でない出席に関する問題を抱える子どもの親向けの書籍を紹介する。こうした書籍には、Getting Your Child to Say "Yes" to School: A Guide for Parents of Youth with School Refusal Behavior（Oxford University Press, 2007）などがある。次に、深刻度が中程度の不登校ケースについて学校関係の専門家向けに書かれた書籍である。こうした書籍として、Helping School Refusing Children and Their Parents: A Guide for School Based Professionals（Oxford University Press, 2008）などがある。また、重篤な登校拒否問題を扱う心理学者や他の臨床家向けに書かれた治療マニュアル集も参考になる。たとえば、When Children Refuse School: A Cognitive-Behavioral Therapy Approach 第2版（Therapist Guide and Parent Workbook）などを参照して頂きたい。これらの著書のすべての参照事項や場面緘黙に対する他

表1.3　場面緘黙に関連する徴候

- 社会不安と社会的怖症（恐れ）
- 不安による身体的徴候
- 話すことが否定的な結果を招くという歪んだ思考
- 内気さ、悲観のしやすさ、社会的引きこもり
- 反抗的、操作的、頑（かたくな）な行動
- 発達遅滞や対人コミュニケーションの困難
- 心的外傷による反応
- 会話の代替行動
- 不安の低減、他者からの感覚フィードバック、非効率で未発達な発話スキルが明らかになることを回避する欲求
- 課題を完遂したり、適応のための場面設定を再調整したり、ひそひそ話のような話の代替行動を容認したりする重要な他者の存在
- 登校拒否行動

の参考資料は、巻末の文献一覧に記載してある。場面緘黙に関連する徴候の一覧については、表1.3を参照していただきたい。

場面緘黙の疫学、経過、家族要因

　場面緘黙は、0.2〜2.0％程度の児童や青年に発症し、発症率は男子より女子が高い（約1.5対1の割合）。前述のように、場面緘黙による障害は、就学前に始まることが多いが、治療は遅れがちである。場面緘黙は一部の子どもにおいて慢性化するかもしれず、同級生からの疎外、未完成な言語を用いることによる教科学習課題や標準テストの成績不良、不適切な言語やソーシャルスキルに関する重大な問題を生じる。バージニア工科大学銃乱射事件を起こしたチョ・スンヒは、重度の場面緘黙と診断されていた。場面緘黙児が必ずしも大量殺人を起こすわけではないが、社会的に疎外されたり、教科学習の学習成績が振るわないといった場面緘黙による派生的な困難は、子どもをかなり弱体化させる。

　場面緘黙児の家族の機能は、一般的な家族と基本的に同じであるが、著者と他の研究者は、治療を阻害するいくつかの要因に注目している。場面緘黙児の親は、非常に内気でおとなしく、控えめであり、説得されて治療に参加したり、エクスポージャー法*を手伝ったりすることが多い（第5章参照）。また、他の親には、近い将来生じる問題の重大さを納得させるために、なぜ場面緘黙児の治療、あるいはより長い時間をかけて学校における子どもの行動を観察する必要があるのかということについて、より詳細な理論的根拠が必要である（第2章を参照）。たいていの親は場面緘黙についてまったく聞いたこともないため、障害やそれに併存する特性についての詳細な説明が必要であるということに留意しなければならない。

［訳者註］
＊エクスポージャー（法）：暴露療法ともいう。行動療法の一種。不安や恐怖を喚起する刺激や場面にクライアントを段階的に晒し、それらの不安や恐怖を消去する心理療法。想像エクスポージャー法と現実エクスポージャー法とがある。

話すことを嫌がる

　本書では、非常に深刻な場面緘黙に焦点を絞る。しかし、一部の子どもは、しぶしぶ話すだけであったり、不定期に話したり、かろうじて聞きとれるレベルの声量を用いる傾向を示したり、相手が限定されていても社会的な場面では話をする。こうした子どもたちは、過度に内気なため、友たちがいたり、いなかったりする。極度な社会不安をもち、社会的な場面を回避するが、場面緘黙の公式の診断基準には該当しないかもしれない。この問題を、本書ではたとえば次に述べるような数直線に沿った捉え方で表現する。図1.1は、学校において、普通に話す、話すことを嫌がる、場面緘黙という主要なタイプの特徴を記している。

　この図を見ると、本格的な場面緘黙が発症する前に、適切な発話表現が様々なレベルで存在することが分かる。ほとんどの子どもはクラスメイトや先生と普通に話すレベル（数直線の最も左の列）にある。しかし、一部の子どもは、非常に内気であり、かすかに聞きとれる声でしか話さない。話すことを嫌がる子どもの多くは、その次の2つのレベル（数直線の左から2番目と3番目の列）に該当する。このレベルの子どもたちは、他者と話すことを嫌がり、学校における特定の集団とは話さない。たとえば、友だちとは校庭で楽しく話すが、先生や他の学校関係者と対面するとおどおどする。また、クラスメイトよりも大人と話したがる。いずれにせよ、そのような子どもは、特定の集団の人々と交流することが難しいのである。クラスメイトや先生と話すことを嫌がるレベルの子

×	×	×	×	×	×	×
クラスメイトや先生と普通に話す	低い音声でクラスメイトや先生と話す	低い音声で話すこと以外、クラスメイトや先生と話すことを嫌がる	ささやき声によって話すこと以外、クラスメイトや先生と話すことを嫌がる	親を介して話すことによってのみ、クラスメイトや先生とコミュニケーションをとる	親が側にいても学校では誰とも話さないが、社会的な場面や教科学習の場面では非言語を用いて参加する	親が側にいても学校では誰とも話さず、社会的な場面や教科学習の場面では非言語的にも参加しない

図1.1　学校における発話のスペクトラム（連続帯）

どもは、弱々しいながらも聞きとれる声で話すが、次のレベル（数直線の左から4番目の列）に該当する子どもたちは、かろうじて聞きとれるかどうかのか細い声でしか話さない。

　話すことに困難を示す次のレベル（数直線の左から5番目の列）に該当する子どもは、学校のクラスメイトや先生とは話さず、親とだけと話す。こうした子どもたちは、親の耳元で意思を伝え、親が子どもの意思を他者に伝える。こうしたやりとりは効率が悪いため、たいていは学校生活が始まる直前、またはその直後に生じる。また、こうした子どもたちは、親がいない時、親と同じように接してくれるクラスメイトやきょうだいと話すことを好む。図1.1のスペクトラム（連続帯）における最後の2つのレベル（数直線の最も右の列と右から2番目の列）は、診断基準を満たす場面緘黙に該当する。場面緘黙児の多くは、沈黙を続けるかもしれないが、社会的な場面や教科学習場面では言葉以外の手段で参加する。しかし、重症の場面緘黙児は、沈黙だけでなく、言語以外の手段による参加さえ行なわず、学校に行くことを極端に嫌がることがある。

　話すことを極端に嫌がる子どもは、場面緘黙の診断基準を満たさないかもしれないが、本書で紹介する技術を適用できる。すでにいくつかの発語が明瞭になっていると思われるので、こうした子どもたちへの介入のペースは、場面緘黙の診断基準を満たす子どもよりも速くなる。本書で紹介する介入手続きの多くは、話すことを嫌がる子どもに適用できる。詳細については、本章の介入に関する節と第3～7章を参照していただきたい。さらに、以下に示す場面緘黙の作用モデルは、話すことを嫌がる子どもにも適用できる。

場面緘黙や話すことを嫌がる子どもの作用モデル

　多くの研究者は現在でも場面緘黙に関する包括的なモデルを作成し続けているが、効果的な実践ケースと介入効果に関する評価は、この作用モデルが介入に効果的なことを裏付けている。作用モデルは、場面緘黙や話すことを嫌がることの重要な先行条件（行動の前に何が起きたかということ）と後続条件（行動の後に何が起きたかということ）に焦点を当てている（図1.2参照）。これらの先行条件と後続条件は、本章ですでに検討したものであり、本書で論じる介入技法の基

| 場面緘黙や話すことを嫌がる 主要な先行条件 | 社会不安の減少、他者からの社会的、感覚的フィードバックの増加、指示に嫌悪感を抱くことの回避（抵抗）、不適切な社会的、あるいは発話に関するスキルを露呈することの回避（コミュニケーションの問題）、心的外傷やうつ病などの文脈的要因 |

↓

| 場面緘黙や話すことを嫌がる（自発行動） | 自宅などの他の場面ではうまく話せるが、社会的な場面では話すことを嫌がるか失敗するか、話すことが困難である；こうした問題が1ヵ月以上続き、会話が機能化することを阻害する；発達障害やコミュニケーションが困難なことに起因する特殊な状態ではない |

↓

| 場面緘黙や話すことを嫌がる 主要な後続条件 | 子どものための課題の達成、子どもの発話能力の欠如に対する考慮、ひそひそ話や他の代替行動の許容、話せない子どものための友だちからの話や情報伝達、子どもが社会的な場面を避けることの許容 |

図1.2 場面緘黙や話すことを嫌がる子どもの行動随伴性作用モデル

礎として役立つ。

　場面緘黙は通常、社会不安と密接に関連する状態を示すことに注意して頂きたい。子どもの社会不安に対する有効な治療法は、不安の身体的側面に対処する運動、社会的な場面や不安を喚起しやすい場面における不合理な信念に対処する認知療法、そして子どもの相互作用スキルを形成して、社会的な場面や不安を喚起しやすい場面をより快適にすることを助けるエクスポージャー法からなる。

　場面緘黙児に有効な治療法は、こうした社会不安を解消する治療法と同じ原理や手法を基盤とする。認知療法による不安の解消、あるいは問題となる信念の修正は通常、一定量の言語的な要素と高度な知的発達を必要とする。それゆ

え、本書では、認知療法を中心的な要素としては扱わない。しかし、場面緘黙や話すことを嫌がる子どもたちを治療する場合、話す時に何を怖がるのか考える機会を設けることは必要になる（第4章参照）。

不安を背景としない場面緘黙の他のタイプの子どもたちは、必ずしも不安というわけではなく、話すことを嫌がり、ともすると、拒否的であったり、ある程度操作的であったりするように見える。こうした子どもには、不安を管理するアプローチは有効でないかもしれない。その代わり、随伴性を操作することで発話が生み出される必要性をもつかもしれない。つまり、この随伴性マネジメント＊には、適切な発話を促進する報酬の提示と適切な発話を拒むことを抑制する罰の提示がある。この随伴性を操作する支援方法には、親と学校関係者間の緊密な連携が必要となる。

その他の場面緘黙児では、適切に話す能力に影響を与える複合的な症状や発達の遅滞が問題となる。これらの子どもたちの不安をとり除いたり認知を変容させたりする治療法は有効だが、それだけでは必ずしも十分ではない。これらの子どもたちは、発音のトレーニングや、構音、理解、発話や認知能力を向上させる理論的な根拠に根ざした言語治療が必要となるかもしれない。以下の各章では、場面緘黙や話すことを嫌がる子どもの3つの主要なタイプを中心に論じる。不安を背景とするケースについては、第3章と第4章で、話すことを嫌がり、コミュニケーションに抵抗感の強いケースについては第5章で、コミュニケーション能力の問題を示すケースについては第6章でそれぞれ論じる。

本書で扱う介入方法の紹介

最も一般的で、経験的に支持されている場面緘黙のための介入方法は、行動的に自然な文脈で実施されるもので、本書の主要な基礎部分として組み込まれている。これらの介入方法は、場面緘黙の主要なサブタイプ（前述した不安を背

［訳者註］

＊随伴性マネジメント：行動直後の結果をどのようにするか管理すること。子どもが話をしたり身振り手振りで伝えようとする行動に対して、笑顔や言語賞賛を含む子どもが喜ぶ対応をすることや、逆に、わざととり合わなかったり、就寝時刻を繰り上げたりするなど子どもが喜ばない対応をする方法。

第1章　場面緘黙や話すことを嫌がる子どもの定義と説明　21

表1.4　場面緘黙に対する主な介入方法

・エクスポージャー法
・刺激フェイディング法
・シェイピング法とプロンプティング法
・セルフモデリング
・筋弛緩と呼吸法の再トレーニング
・随伴性マネジメント
・嫌子消失による強化（逃避）
・ソーシャルスキル・トレーニング
・言語トレーニング
・家族療法
・集団療法
・薬理学的介入（薬物療法）

景とするケース、コミュニケーションに困難を示すケース、コミュニケーションの問題を示すケース）を対象として作成されている。多くの場面緘黙のケースでは、これらの主要なサブタイプが重複するため、本書を最後まで通読することをお勧めする。ここでは、第3〜7章で詳述する介入方法を簡単に紹介する（表1.4参照）。

エクスポージャー法

　エクスポージャー法は、段階的に増加する困難や不安を喚起する状況を子どもに言葉で表現させる技法をまとめたものである。エクスポージャー法は、子どもの社会不安や場面緘黙を治療することが主眼であり、第3章と第4章でとり上げる。この療法は、不安を背景とする場面緘黙児の支援に最も適している。その一方、エクスポージャー法は話すことを極端に嫌がるか、コミュニケーションが困難な子どもには向かない。しかしながら、これ以外の特徴を示す子どもは、話すことに不安を感じていることが多いために、エクスポージャー法の考え方は多くの場面緘黙への介入の基礎となる。
　エクスポージャー法は通常、発話場面における不安の程度（階層）を見定める。この階層は、喚起される不安の大きさを小さい順から並べた場面・出来事の一覧である。典型的な場面緘黙の不安階層表は、子どもがスクールソーシャ

ルワーカーと自宅で話すこと、自宅以外の場所でソーシャルワーカーや他者と話すこと、学校の職員室を模した場面でソーシャルワーカーや他者と話すこと、学校の中でソーシャルワーカーや他者と話すことなどで構成されている。これらの大雑把な項目と項目の間に、小さな段階を補足的に設けることが可能である。詳細について、後述する「刺激フェイディング法」を参照していただきたい。

エクスポージャー法は、コンビニエンスストア、ショッピングモール、ペットショップ、公園などの実際の生活場所が対象となる。学校については、教室、廊下、職員室、食堂や体育館、校庭、音楽などの特別教室などが対象となる。学校における発話相手として、同級生、先生、管理職、他の学校関係者などが考えられる。また、実際に階層を定める時は、声を発しない口の形だけの発話、ささやき声、不明瞭な発話、小さな声の発話、十分な声量の発話などの分類の可能性もある。エクスポージャー法の目標は、自分自身で不安に対処することを支援しながら、あらゆる社会状況で何度も明確に話す経験を徐々に増やすことである。エクスポージャー法は、次節で簡単に紹介する他の技法と併用することが多い。

筋弛緩と呼吸法

場面緘黙は、筋緊張や過呼吸、息切れなど、不安を示す不快な身体の感覚を伴うことがある。発話場面における不快な症状を解消できるように、子どもには、筋肉を弛緩させたり、正しく呼吸をする方法を教える。筋弛緩では、話す前やこれから何らかの表現をする際に、様々な部位の筋肉を緊張または弛緩することを教える。呼吸法では、鼻から息を吸い、口から息を吐くことを教える。いずれの方法も、便利で、子どもからの言語反応をほとんど、あるいはまったく伴わずに教えられる。こうした方法は、通常、エクスポージャー法を用いて、少しずつ困難さを感じるに場面に近づけていく時に適用すると効果的である。その目的は、子どもが他者と言語によってコミュニケーションを図った時に不安による身体の感覚をより大きな弛緩反応（つまり、リラックスを感じる状況）に置き換えることである。

刺激フェイディング法

　刺激フェイディング法は、言語を用いる教科課題、あるいはクラスメイトや先生のような新しい対人刺激に直面することによる困難を系統的に増加させ少しずつ耐性を高める手続きである。学校でほとんど話さないジュアン（7歳、男子）のケースを見てみよう。ジュアンは、介入を始めたばかりの頃、1日30分ほど、誰もいない教室で、学校心理士のような、彼が知っていて上手に話せる人と会話するように求められた。このように、ジュアンの話すことに対する不安は、教室の中であっても周囲に誰もいないことで抑制できた。

　不安を喚起する特定の刺激は、より困難な状況に挑戦するエクスポージャー法の手続きを適用すると次第に解消できる。ジュアンは、学校心理士の前で音読のような言語を用いる教科学習に取り組むよう求められた。彼がこの状況に慣れていくにつれて、学校心理士は、友だちを教室の中の1mくらい離れた場所に座らせたり、部屋の机を挟んだ反対側に先生を座らせたりした。ジュアンの発話がこうした状況で上達していくにつれて、取り組む課題や同室するクラスメイト、あるいは他のクラスの日常に近い要素を追加した。刺激フェイディング法は、子どもの自宅や近所でも同様に活用できる。刺激フェイディング法は、通常、エクスポージャー法や発話に対する賞賛、そしてプロンプト*などと併用する。

シェイピング法とプロンプティング法

　シェイピング法は、場面緘黙における発話の明瞭さや頻度など、求められる反応に連続する類似した反応を強化する手続きである。学校に勤務する精神保健の専門家は、初めはハミングのような子どもの発声を賞賛し、徐々にこれらの発声を言葉としてシェイピングする。フェイディング法の手続きは通常、促しや励ましによって子どものコミュニケーションにおける言葉の使用、より明瞭で十分な声量の発話、アイコンタクトの成立、話す時間の延長などが付加さ

［訳者註］
＊プロンプト：行動を形成したりその生起率を上昇させたりするために与える付加的な手がかり刺激のこと。行動の自発性を生み出すには、与えられる回数や強さなどを徐々に少なくしていく必要がある。

れる。さらに、子どもには、挨拶やお礼を言うような、共有するような場面で他者と話すよう勧める。話すことの困難さが徐々に増すようなシナリオを用いたエクスポージャー法を実践する際に、シェイピング法とプロンプティング法は子どもの取り組みを捉す重要な要素となる。

セルフモデリング

　セルフモデリングでは、親に対して、自宅のようなリラックスできる場所で子どもがうまく話す様子を音声テープやビデオテープに記録するよう求める。その記録を、職場や学校などの発話の頻度が少ない場面で再生する。その時には、家族のメンバーなどの他者が同席してもよい。再生した子どもの声の明瞭さや声量や美しさを評価する間、子どもには、言葉で賞賛するか、プレゼントなどを与える。子どもは、適切で明瞭な発話をしている見本として自身の映像を見る。このプロセスは、発話が賞賛され、不快な場面の嫌悪価が緩和され、そして公の場での発話がネガティブな結果を招かないことを子どもに分からせることを目的としている。

随伴性マネジメント

　これまでに紹介した技法は、子どもの不安に基づく症状に対応していた。しかし、一部の場面緘黙児は、社会的な場面できまって話すことを嫌がるうち、態度を硬化させるケースがある。随伴性マネジメントは、エクスポージャー法とともに不安を抱えた子どもにも適用できるが、態度を硬化させるケースへの介入の重要な側面にもなる。随伴性マネジメントは、子どもの発話にはインセンティブ、発話の拒否にはディスインセンティブをそれぞれ提示する。これらのインセンティブやディスインセンティブは、通常、親、先生、支援者が提示する。

　インセンティブやディスインセンティブは通常、発話の頻度や明瞭度に合わせて調節するが、代替行動と癲癇やまとわりつきのような問題行動にも適用できる。たとえば、ジャニーが他者とかかわる際に示すかん高い声は、当該行動を消去するために彼女にとって重要な人たちからは無視されていた。随伴性

は、たとえばステッカー表（sticker chart：「がんばり表」）のような工夫がなされたり、あるいはもっと自然な形でも工夫できる。後者の例としては、子どもがアイスクリーム屋でご褒美を注文するように尋ねられることが該当する。つまり、適切に話すことは、アイスクリームを得ることにつながり、話すことを拒むことは、アイスクリームが得られないことにつながるというものである。

嫌子消失による強化（逃避）

　話すことに強い抵抗を示す場面緘黙のケースに適用する他の行動的技法に嫌子消失による強化がある。嫌子消失による強化では、嫌悪的な結果をとり除くことにより、行動にインセンティブを与える。この手法では、子どもを事務室のような話し声が少ない環境に連れて行って、言葉を発するよう求める。言葉を発すれば、事務室から去ることを許可する。子どもは言葉を発することでストレスがたまる退屈な状況から逃れられるようにする。ゆえに、嫌子消失による強化である。この方法は、何時間か継続できるが、子どもがふだん話せるようになることを保証するものではない。このアプローチについては、第5章で詳述する。しかし、この方法の有効性は十分に検証されておらず、子どもにとって耐え難いことがあるため効果的でないことがある。

言語トレーニング

　場面緘黙の主要なサブタイプには、言語やコミュニケーションに問題を抱える子どもがいる。こうした子どもは、エクスポージャー法とともに用いられる音韻のトレーニングや別の言語トレーニングが効果的であるかもしれない。自宅でも寡黙なエイプリル（5歳、女子）のケースを思い出してほしい。エイプリルは小声で話し、明瞭さに欠けると報告されていた。彼女は「ドッグ（d・o・g）」のような3つの音からなる基礎的な単語について、ジェスチャーを使って音をまねて練習すること（同時法）が効果的であった。この支援プロセスは、エイプリルが当初は声を出さずに、口を開けるだけだったが、やがて、小声で話しはじめ、かろうじて聞こえる声になり、そして普通の声量で話すまで、エクスポージャー法と交互に適用された。言語や他のタイプの教科についてのト

レーニングには、言葉を明瞭に話し、普通の会話ができるようにする言語病理学者や教育専門家との緊密な連携が必要である。

他の介入方法

　本書では、場面緘黙児に適用する他の介入方法も紹介する。ソーシャルスキル・トレーニングは、アイコンタクトの確立と維持、効果的な会話の開始と維持、クラスメイトに対する自己紹介などの基本的なスキルの形成をさす介入技法である（第4章参照）。このトレーニングは、場面緘黙児の障害によって阻害されているソーシャルスキルや交友関係の構築に役立つ。ソーシャルスキル・トレーニングは、授業における質疑応答、標準化された検査の教示に対する応答、音楽や他の専科の授業への参加のような教科学習におけるクラスメイトとのかかわりにも十分に拡大できる。

　家族療法は、場面緘黙児を持つ家族を対象として、そのコミュニケーションのパターンを操作し、子どもを庇護するタイプや過干渉なタイプの親と子どもの関係の改善に取り組み、子どもへの喋ることに対する家族からのプレッシャーを減らす療法である。場面緘黙児を対象として、正式な家族療法を行なう時間や資料がないかもしれないが、場面緘黙児の家族関係に対応することは極めて重要である。随伴性マネジメントの実践においては、家族の対応が重要になる。家族療法については、第7章で詳述する。

　集団療法は場面緘黙児に広く適用されるわけではないが、すでに本章でモデルケースとして示した何人かの子どもについての指導手続きを多く含んでいる。集団で活動する場において場面緘黙児は、他の子どものまねをしたり、皆で一緒に実際のかかわりの経験を積むことで利益を得る。また、子どもたちはお互いにソーシャルスキルの練習もできる。集団療法の重要な長所は、多数の子どもが一度に会うことができるという費用対効果があることである。もちろん、子どもの進歩度合いが異なるという潜在的な短所もある。最終的に支援者は、自身の学校で集団療法を継続するために必要な人数の場面緘黙の子どもを担当することは難しいかもしれない。集団療法については、第7章で詳述する。

最後に、薬物療法は薬物を使用した治療を意味する。研究者の一部は、抗うつ薬や他の薬物が一部の場面緘黙児に有効なことを示唆している。投薬は、たとえ他のメカニズムが十分に機能していたとしても、不安や発話における息のつまりなど言葉を話すことを抑制する要因を改善する。一部の症状が非常に重篤なケースは、小児科医や精神科医への紹介が必要になるかもしれない（7ページのコラムを参照）。薬物を用いる解決法を探す前に本書の手続きを試みてほしい（第7章参照）。

本章のまとめと次章の紹介

　場面緘黙や話すことを嫌がる傾向は複雑な背景をもち、子どもに深刻な影響を与える困難な問題である。こうした問題を伴う子どもに対応するには、場面緘黙児の行動を文脈の中で理解することが必要である。このような子どもの評価方法については、第2章において、質問紙やワークシートなど、短時間で記入できる効果的な質問項目を参考にしていただきたい。

　第3章と第4章では、不安を背景とする場面緘黙や話すことを嫌がる傾向を示す子どもに適用する介入手続きを概観する。これらの章では、エクスポージャー法に基づく実践と子どもが様々な状況で発話を試みることに重点を置く。筋弛緩と呼吸法、セルフモデリング、シェイピング法やプロンプティング法のような様々な技法をエクスポージャー法と統合して利用する。第3章では、家庭場面でのエクスポージャー法に基づく実践に焦点を当てる。第4章では、地域や学校場面でのエクスポージャー法に基づく実践に焦点を当てる。

　第5章では、自然な場面で強い抵抗を示し黙ったり話すことを嫌がったりする傾向を示す子どもに適用する手続きを概観する。この章では、発話への好子と発話の拒否への嫌子を用いた随伴性マネジメントによる支援の実践に重点を置く。第6章では、特定の言語障害や発達遅滞に関連する場面緘黙や話すことを嫌がる傾向の子どもに適用する支援手続きを概観する。この章では、場面緘黙のための特殊な技術を伴った音韻トレーニングや他の言語トレーニングの統合に重点を置く。

　第7章では、新学期にうまく適応するための方略を含んだ場面緘黙や話すことを嫌がる傾向を示す子どものぶり返しの予防法を扱う。この章では、これらの子どものための集団療法、家族療法、薬物療法、あるいは他の支援方法なども扱う。そして、バイリンガル、難しい親、重複障害、そして発達遅滞のような特殊な問題とされる一群への支援の議論も結論づける。

# 場面緘黙や話すことを嫌がる
ケースの評価

　8歳になるガブリエラは、2年前に現在の小学校へ転校してきた3年生の女の子である。学校では誰に対しても自ら話しかけることはないが、話しかけてくれる友だちが何人かいる。学校では誰にでも欲しい物の絵を指さすか、必要な場合は先生の服を強く引っ張ることがある。ガブリエラの両親によると娘は家ではよく話すが、公の場では非常におとなしくしているという。彼女は良い児童であるようだが、友だちや他の人に話しかけることを必要とする学習課題に参加することを断固として拒否する。彼女はしばしば静かに机に向かって座っていて、頭を下げたまま自分の課題を熱心にやっていることが好きである。

　ナッシュは幼稚園に通う5歳の男の子であるが、クラスではささやくような声でしか話をしない。クラスメイトは、「ナッシュは話せないんだ」と言う。そして、彼と遊ぼうとしているのだが、ナッシュは独りでいる方が好きである。ナッシュの両親は、自分たちの息子は家でも静かであるし、たいてい彼が言おうとしていることは分かると言っている。しかし、他の人たちの話では、ナッシュはうまく発音できないのでほとんど聞きとれないし、言ったことを繰り返すように頼んでも二度と話そうとしないという。またナッシュはよく悲しそうにしているし、学校は楽しくなさそうだ。

　学校の関係者が通常対面しているのは、ガブリエラやナッシュのような子どもたちである。第1章では、場面緘黙や話すことを嫌がることの様々な局面について述べ、こうした子どもたちを理解するための作業モデルを提示した。こうした子どもたちの多くが、ある程度の社会不安、反抗的な行動、あるいはコミュニケーションといった問題を抱えていたことを思い出してほしい。本章では、ガブリエラやナッシュのような子どもたちを評価する方法について述べる

ことにしよう。本章で紹介する評価方法のいくつかは、いわゆる診断が可能なほど詳細な結果が得られる臨床心理査定の実施経験がほとんどない学校関係者であっても、それほど時間のかからない簡便なものである。他の方法はかなり多くのまとまった時間を要し、学校に常駐するソーシャルワーカーや学校心理士のような詳細な評価を導入することができる者でなければ実施が難しいだろう。方法のいくつかは場面緘黙に特化したものであるが、その他のものは知能や言語能力といったような機能全体を評価するためのより幅広い方法である。

本章では、特に場面緘黙の中核的な部分に合わせた面接の質問から始めており、後半の節では一般にあまり時間のかからない質問紙やワークシートの方法を紹介している。こうした基本的でしかもまとまった時間がなくても実施できる方法については、場面緘黙や話すことを嫌がる子どもたちに関するいずれの評価においても、実施される必要がある。本章の後半では、場面緘黙に関連する主要な特徴（社会不安、反抗的な行動、そしてコミュニケーションに関する困難）について、その原因を探るための評価方法を述べている。こうした方法は、簡易な方法よりはまとまった時間が要るもので、他の質問紙とか、標準化された検査、行動観察、これまでの指導記録の検討を含んでいるだろう。章の最終節では、介入計画を発展させるために、評価データの違いを照合するための提案をしている。

場面緘黙や話すことを嫌がる子どもに特化した面接の質問

まず第一にこうした子どもたちの場合に強調したい評価方法は面接である。読者は子どもや両親、先生、それに定期的にかかわりをもつ他の人との面接を望むだろう。読者は場面緘黙児と、彼は何を言わんとしているかについて、面接するという提案に驚くかもしれない。しかしながら、場面緘黙児の多くは「はい」や「いいえ」の質問に対して、言葉を発することなく首を縦に振ったり横に振ったりする形で答えるだろう。このことからは、彼らが話さないことについて、そしてなぜ彼らが話すことができずにいるのかについていくらかの情報を集めさせてくれる。ナッシュのような子どもたちの場合はこのようなレベルの質問でさえ応答しないかもしれないが、子どもが望まないのであれば答

えるように強要することは勧めたくない。後者のケースの場合では、主に両親や先生、それに可能であれば友だちや他の人々から情報を集める必要があろう。

　理想を言えばいろいろな関係者に個別に面接すべきであろうが、時間的な制約があって難しい場合は両親や先生が一堂に会する機会を設ける必要があるかもしれない。もしグループミーティングだけしか実行できない場合なら、子どもを別にして面接するようにするとよい。そうすることで、大きなグループを避けて子どもの不安を減少させ、どうして話すことを嫌がるのかということについて良い兆候が得られることになるかもしれない。次節に記す質問項目は、面接の過程において鍵として勧められるいくつかの主要な質問である。こうした質問は、子どもが実際に場面緘黙であるかどうか、つまり子どもが有していると思われる場面緘黙のサブタイプはどのようなものか、場面緘黙を連想させるどんな特徴を子どもがもっているかということを、決定するのに役立つよう設計されている。

その子どもは場面緘黙の診断基準を満たしているのか

　面接を始める良い方法は、場面緘黙に特有の診断基準に直接的に適合する質問を尋ねることである。場面緘黙が診断できるような回答（「はい」もしくは「いいえ」で答える）を求める質問としては、以下がある。

①話すことが期待されているような公の場で、子どもはいつも話すことができないか？（はい）
②他の場所、特に家で子どもはうまく話しているか？（はい）
③子どもが話をしないことで教育上あるいは職業上の達成や社会的コミュニケーションの重大な妨げとなっているか？（はい）
④子どもが話せないということが少なくとも1ヵ月間続いたか、それは学校が始まった最初の月だけではなかったか？（はい）
⑤子どもは社会的な場面で必要とされている話し言葉の知識、あるいはその言葉への安心が欠如しているから話せないのか？（いいえ）

⑥子どもはコミュニケーション障害があるためによりうまく話せないでいるのか？（いいえ）
⑦子どもは特に自閉症スペクトラム障害、統合失調症あるいは他の精神障害があるために、話せないのか？（いいえ）

一般的に、①から④の答えが「はい」であり、⑤から⑦の答えが「いいえ」である場合に、場面緘黙であるとされる。しかしながら、いくつかのグレーの領域が存在することに留意しなければならない。特にコミュニケーション障害が併存する場合には留意してほしい。すべての場面緘黙児がこうした診断基準にはっきり適合するというわけではない。正式には場面緘黙ではないが、依然として子どもが頑として話をしないということがあるという点にも留意する必要がある。たとえば、ナッシュのようにクラスの中でささやくような声で話すことを子どもは好むかもしれない（第1章における図1.2参照）。本章で提示される評価方法については、話したがらないナッシュのような子どもたちの場合に、かなりの程度適用することができよう。

話すことができないのはどういった特定の状況なのか

場面緘黙児は、話すことが期待されるような特定の社会的な場面で話そうとしない。こうした場所としては、しばしばレストランやショッピングセンター、公園、その他のレクリエーションの場、そして学校が挙げられる。子どもにとってどういった場が最も困難であるのかを正確に見出す努力をする必要がある。また、子どもにとって最も困難である学校という特別な環境については、特に詳しくとり扱うべきであろう。この点では、子どもの場面緘黙や話すことを嫌がる範囲を決めるために、**ワークシート2.1**を用いることもよいかもしれない。

話すことができないということも含めて、学校の状況については、詳細な指示が必要であろう。子どもたちの中のある者は運動場やカフェテリアのような公の場でなら少しは話をするが、クラスではまったく話そうとしない。また、別の子どもたちは同級生には少し話しかけるが、大人に対しては決して話しか

ワークシート2.1　場面緘黙や話すことを嫌がることに関連する状況

次のような状況で子どもは話をしなかったり／話すことを非常に嫌がったりしますか？

	場面緘黙 はい／いいえ	話すことを嫌がる はい／いいえ
家庭		
ドアノックや電話に答える	_____	_____
両親へ話しかける	_____	_____
きょうだいへ話しかける	_____	_____
よく知っている来客へ話しかける	_____	_____
あまりよく知らない来客に話しかける	_____	_____
両親が一緒にいる時に家の中で同級生と話す	_____	_____
地域／公の場		
市場や類似した場所で両親やきょうだいへ話しかける	_____	_____
社会的なイベントや課外活動で同級生へ話しかける	_____	_____
店員やウェイターへ話しかける	_____	_____
学校		
運動場で同級生へ話しかける	_____	_____
玄関やそれと関連した場所で同級生へ話しかける	_____	_____
教室で同級生へ話しかける	_____	_____
ランチ／カフェテリアで同級生へ話しかける	_____	_____
スクールバスの中で同級生へ話しかける	_____	_____
学校で両親へ話しかける	_____	_____
運動場で先生へ話しかける	_____	_____
教室で先生へ話しかける	_____	_____
学校で他の職員へ話しかける	_____	_____
教科の活動の間に話しかける	_____	_____
クラスメイトの前で話したり読んだりする	_____	_____

けようとしない。音楽の先生のような好きな先生には話しかけるが、他の人にはまったく話すことがない子どももいる。しかしながら、場面緘黙の多くの子どもたちの場合は、どんな状況であろうと学校では誰に対しても話しかけようとしない。話すという行為の基準を確立すること、つまり、子どもが進んで行なおうとする発話の最小限の量とか、どういう場所でとか、声の大きさといったことを知ることが、介入の出発点を決める上で役立つだろう。

どんな状況が話をできなくさせているのか

この点に関連する質問の多くは、話すこと以外の行動様式が生じるかどうか、生じるとすればどこで生じるのかということである。子どもが話すことを拒否し続ける要因、つまりどういう理由で子どもがいつまでも話をしようとしないのかということを見つけ出すことが重要である。子どもにとって話すことを拒否するという行為というのはどういう働きがあるのか、その働きを確認するために以下の質問を行なう。

- 不安を減少させることを願って子どもは話をしようとしないのか？
- 他者から社会的あるいは感覚的（身体的）なフィードバックを増大させることを願って子どもは話をしようとしないのか？　そうであるならば、どんなタイプのフィードバックなのか？
- 他者から嫌われるのを避けることを願って子どもは話をしようとしないのか？
- 発話の技量が不十分、あるいは未発達であるために子どもは話をしようとしないのか？

両親や先生の多くはこうした質問に答えることが骨の折れる作業であるということに留意しておく必要があろう。したがって、どういった行動様式がそうした話をしないという働きをしているのかを明らかにするために、上手に話をしている状況における子どもの行動について尋ねることである。たとえば、子どもがしばしば自宅で両親の注目を求めているようであれば、公の場で話すこ

とを拒否するのは注意を引こうとしているからかもしれない。また、子どもが自分がやりたくないと思っている雑用をしばしば拒否しているようであれば、他者から指示されるのを避けたいということが動機となっているからかもしれない。さらに、家庭での子どもの社会的あるいは発話の技術が十分に発達していないのであれば、子どもは公の場でこうした未発達な技術をみせたくないのかもしれない。行動パターンのみならず、子どもが話をしない行動がどのように強化されるかも調べる必要がある。注目を求めたりコミュニケーションが不十分だったりするような複数の問題点が関係している可能性があるということにも注意してほしい。

　子どもが話をしないことに影響を与えているかもしれない文脈上の要因について質問することもまた大切である。すでに述べたように、心的外傷の経験の後や現在も困難が継続している場合には、話をしようとしない子どももいる。そのため、この可能性に関連する質問がなされることが必要である。他には悲しい出来事を経験していたり、意気消沈したりしている子どももいる。両親の離婚のような変化が最近子どもの生活にあったかどうか尋ねてみてもよい。こうしたことで話さなくなることもある。もし子どもが心的外傷あるいは困難な出来事を経験して、しかもこうした出来事の前にはよく話していた場合は、場面緘黙の診断は適用されそうにないだろう。こうした場合には、子どもが自分の生活における心的外傷あるいは他の変化に適応するようにさせることが最善の方法であるかもしれない。

　両親、家族、学校にはその他の文脈上の要因が関係している。両親に尋ねるべき重要な質問は、英語とか別の言語が主に家庭で話されているかどうかということである。たとえば、両親が家庭で主にスペイン語を話していれば、子どもは学校では自ら進んで英語を話さなければならないという負担を強いられるだろう。家族力動＊についてもまた詳しく調査することが大切である。家族のメンバーはおとなしいのだろうか、それとも内気なのだろうか。家族のメンバーは上手にコミュニケーションをとり合い、問題を効果的に解決しているのだ

［訳者註］
＊**家族力動**：ここでは、子どもの緘黙に影響を与えるような家族のかかわりの特徴など。

ろうか。家庭の中には深刻な葛藤があるだろうか。両親や家族に起こった最近の変化が、子どもの自発的発話に影響を及ぼしただろうか。他者から受ける脅威といったような学校関係の要因についてもまた、調べる必要があるであろう。

特定の公の場で子どもに大きな声で話をさせるようにすることができるか

　第1章で述べたように、通常の発話、話すことへの抵抗、場面緘黙といった段階は、症状のスペクトラム（連続帯）上に位置づいており、症状の深刻度に従って生じる（前掲の図1.2参照）。子どもを評価している際の手段としてこの連続帯を用いることを試みてほしい。子どもはその連続帯の中のどの位置に当てはまるのか。様々な状況において子どもはどれほど激しく話すことを嫌がるのか。子どもは様々な状況に応じて発話のタイプを変化させるか。たとえば、子どもはショッピングモールではひそひそ声で話すかもしれないが、学校では沈黙したままであったりする。黙り込んだり話すのを嫌がったりするすべてのケースを必ず図式化するようにしてほしい。

　子どもがこの連続帯のどこに当てはまるのかを決定するということには、子どもが特定の公の場で勇気づければ大きな声で話すことができるようになるかどうかを知るということにもなる。子どもたちの中には両親や他の人に促されたり、何かそれ相応の動機づけ（たとえば、玩具、アイスクリーム）があったりすれば、特定の状況でささやいたり大きな声で話したりするだろう。公の場である程度話すことができる場面緘黙の子どもたちは、そうでない子どもたちと比較すると一層予後＊が良いかもしれない。

　子どもがプロンプトに対して、あるいは玩具のような形のある報酬に応じて話すかどうかということを知ることも介入の目的にとっては重要なことである。子どもがそうした促しを受け入れるなら、介入期間中にこの技法を活用することを大いに推奨したい。しかしながら、実際には、子どもたちの中には言葉による賞賛や促しを与えられると一層無口になったり話すことを嫌がったり

[訳者註]
＊予後：治療・介入が終了した後の子どもの状態。

する者もいる。そのため、形のある報酬のような選択可能な動機づけを高める物を用いるのもひとつのアイディアである。子どもが進んでプロンプトに応えるか嫌がるかということはまた、介入速度を速くするか緩やかなものにするかということを決める上で役立つであろう。

どんな兆候が子どもの話そうとしなくなることにつながっているか

　場面緘黙や話すことを嫌がる子どもたちの多くが、障害の中核となっている診断基準（第1章の関連した特徴を参照）に加えて、いくつかの問題を示している。面接の質問は、これらの問題と関係があり、次のものを含んでいる。

- 子どもは概して心配そうな様子をしていたり神経質になっていたりしているか。子どもには震えていたり、汗をかいていたり、泣いていたりといったような不安や心配を示す身体的な反応があるか。子どもは様々な状況で怯(おび)えていたり、不安であったりすると言っているか？
- 子どもは社会不安をもっているように見えるか。子どもは概して社会的相互作用やある種の評価を伴う誕生パーティーやサッカーゲームといったような状況を避けようとするか？
- 子どもは他者の否定的な反応といったような、話すことに不安や心配があるということを述べたことがあるか？
- 子どもは以前に両親のような大事な人から引き離れるという不安や心配を抱いたことがあるか。子どもは両親から離されたり離されることが予測されたりした時に、よく両親に抱きついたり、泣き叫んだり、学校にいくことを拒んだりするか？
- 子どもはふさぎ込んでいるようにみえるか。子どもはよく悲しそうにみえたり、自尊心が低かったり、あまり食べなかったり、眠りが悪かったり、社会的な引きこもりをみせたり、自傷傾向をみせたりするか？
- 子どもは反抗的な傾向をみせるか。子どもは抵抗を示したり、従順でなかったり、両親と言い争ったり、癇癪(かんしゃく)を起こしたりするような気質であるか？
- 子どもはこれまで不明瞭な声で話をしたり、どもったり、他の表出あるい

は受容言語上の問題のような不十分なコミュニケーションをしたことがあるか？
・子どもの全般的な知的機能のレベルはどうであるか？
・子どもは適切にしかも一人で着替えたり、洗面を行なったり、食事をしたり、トイレを使用したりといった基本的なセルフケア能力を身に付けているか？
・子どもはささやいたり、指さしをしたり、身振りで表現したり、かん高い叫び声を発したり、唸り声をあげたり、不完全な言葉で言ったり、その他の言葉によらない形でコミュニケーションをとったりするような代替行動をみせることがあるか？
・子どもは特に話す能力に影響するような健康上の問題をもっているか？

最後の質問に関しては、場面緘黙や話すことを嫌がる子どもの場合は、十分な医療上の検査を受けるように小児科医に相談することを強く勧めたい。医療上の臨床像は一般に場面緘黙には関係がないが、喘息、痛み、解剖学的な問題といったような条件は影響するであろう。薬物療法がひとつの選択肢となる場合は（第7章参照）、小児科医や精神科医へ紹介することも必要であろう。

子どもがうまく話せない時、他者はどう対応すべきか

評価において非常に重要なことは、子どもが黙り込んだり話すことを嫌がったりすることに対して、他の人たちがどう反応するかということを知ることであろう。ここでいう他の人たちというのは、両親、先生、同級生、きょうだい、親戚、それに規則的な形で子どもと交わったり会ったりしている人たちのことを指している。第1章でとり扱われている場面緘黙の共通の結果について思い出してほしい。この点については次の質問をしてみるとよい。

・子どもが話すことができなかった後で、他の者たちが通常子どものために課題の手伝いをしているか？
・他の子どもたちは、子どもの緘黙を許容してしまって環境の再調整を行な

っているか？
- 他の子どもたちは、ささやいたり他の代替行動を受け入れているか？
- 同級生たちは、学校や他の場所で子どもが他者とコミュニケーションをとる手伝いをしているか？

　多くの場面緘黙の子どもたちは、他の人たちに課題の手伝いをさせることに慣れており、また多くの両親や先生、その他の人たちも子どもの発話の欠如を補うことに慣れてしまっている。このことは介入の期間中に変わらなければならないであろう。とりあえずは、一般に子どものためにどんな援助がなされているのかということを正確に見出すことが必要である。たとえば、両親は習慣的に子どものために食事の注文をしたり、ドアノックや電話への応対などのような行動を子どもにとらせないようにしたり、学校で同級生やきょうだいなどに子どものコミュニケーションを手伝わせたり、子どもを誕生パーティーや他の社会的なイベントを避けるようにしているかもしれない。先生の場合は、習慣的にクラスで子どもに声をかけることをやめているかもしれないし、子どもに絵を指さしさせたり手振りをさせたりしてコミュニケーションをとらせているかもしれないし、言葉を発することが必要となるような課題を子どもに割り当てないようにしているかもしれない。前にも述べたように、同級生たちもまた喜んで「ナッシュは話せないんだ」と他の者たちに話したり、子どもの希望を代わりに伝えたりするだろう。

　こうした面接の質問は、場面緘黙や話すことを嫌がる子どもに関する幅広い見方を提供してくれるであろう。もっと構造化されたアプローチを望む場合は、『DSM-IV　子どもと親のための不安障害面接スケジュール』がオックスフォード大学出版で入手できる。これは不安に関連する障害に力点を置いている構成的な診断面接であるが、反抗的な態度をとる障害のような外顕的問題もとり扱っている。面接にはまた、DSM-IV の基準を反映させている場面緘黙に関する節も含まれている。場面緘黙のためのもう一つの面接フォーマットが Functional Diagnostic Protocol（Schill, Kratochwill, & Gardner,1996）である。この簡潔な面接フォーマットは場面緘黙がどのような条件下で生じ、どういった強

化因子が緘黙を継続させているのかということについて評価している。

　もしこうした面接方法を用いようと決めた場合は、子どもの場面緘黙や話すことを嫌がることについての全体像を捉えるために、本章で提示されている質問をする必要がある。面接の質問についてはまた、場面緘黙や話すことを嫌がることに特化した方法をもって補完されることが必要である。こうした方法には以下のような質問表やワークシートがある。

場面緘黙や話すことを嫌がることに特化した方法

　場面緘黙に特化した方法がこれまでいくつか設計されており、これらは話すことを嫌がる子どもたちにも適用することができる。研究論文からの強力に支持された基準が、場面緘黙質問紙（Selective Mutism Questionnaire: SMQ）であり、これには学校と家庭（家族）、それに社会的な場面（学校の外）という3つの主要な要素が含まれている（図2.1参照）。学校の項目では、学校の友だち、先生、それにグループに話しかける子どもの意欲がとり上げられている。家庭や家族の項目では、他者がいる時や慣れない場所で家族のメンバーに話しかけたり、親戚、家族の友だち、ベビーシッターに話しかけたり、電話で両親やきょうだいに話しかけたりする子どもの意欲をとり上げている。社会的な場面（学校の外）の項目については、慣れていない友だちや家族の知り合い、医療職員、店員、ウェイターに話をしたり、校外の習い事において話したりする子どもの意欲についてとり上げている。両親はそれぞれの項目について「まったく話さない」、「まれに話をする」、「よく話をする」、「いつも話をする」の0から3までの4段階で評価する。

　質問の18から23については、どの程度障害や悩みが子どもの話さないという行動に結びついているかということをとり上げている。こうした項目については、「まったくない」、「少しある」、「かなりある」、「大いにある」で評価する。場面緘黙質問紙（SMQ）の評点が低い場合は、一般に話すという行為の頻度が一層低いことを表している。この測定方法は有力な精神測定学的な特質を備えている（Bergman, Keller, Piacebtini, & Bergman, 2008）。補完的な方法としては、学校発話質問紙（SSQ）があるが、これは学校を基盤とする様々な状況で

最近2週間の子どもの行動についてよく考え、どの程度それぞれの記述が当てはまるかを評価してください。

幼稚園や学校
1. 必要に応じて、たいていの同級生と学校で話す
   いつも　　よくある　　まれにある　　まったくない
2. 必要に応じて、特定の同級生（友だち）と学校で話す
   いつも　　よくある　　まれにある　　まったくない
3. 先生の問いに、声を出して答える
   いつも　　よくある　　まれにある　　まったくない
4. 必要に応じて、先生に質問する
   いつも　　よくある　　まれにある　　まったくない
5. 必要に応じて、たいていの先生やその他の学校職員と話す
   いつも　　よくある　　まれにある　　まったくない
6. 必要に応じて、グループの中やクラスの前で話す
   いつも　　よくある　　まれにある　　まったくない

家庭や家族
7. 必要に応じて、よその人が家にいても家族と話す
   いつも　　よくある　　まれにある　　まったくない
8. 必要に応じて、慣れない場所でも家族と話す
   いつも　　よくある　　まれにある　　まったくない
9. 必要に応じて、同居していない親戚の人（たとえば、祖父母やいとこ）と話す
   いつも　　よくある　　まれにある　　まったくない
10. 必要に応じて、親やきょうだいと電話で話す
    いつも　　よくある　　まれにある　　まったくない
11. 必要に応じて、家族で付き合いのあるよく知っている大人と話す
    いつも　　よくある　　まれにある　　まったくない
12. ベビーシッターのうち少なくとも1人と話す*
    いつも　　よくある　　まれにある　　まったくない

＊R.リンゼイ・バーグマン博士による。許可なく転載不可。
＊日本で施行の場合12は削除し、SMQとする。

図2.1　場面緘黙質問紙（SMQ）©

社会的な場面（学校外）
13. 必要に応じて、知らない子どもと話す
　　いつも　　よくある　　まれにある　　まったくない
14. 必要に応じて、家族の知り合いだが知らない大人と話す
　　いつも　　よくある　　まれにある　　まったくない
15. 必要に応じて、医師や歯科医師と話す
　　いつも　　よくある　　まれにある　　まったくない
16. 必要に応じて、買い物や外食で店員やウェイターと話す
　　いつも　　よくある　　まれにある　　まったくない
17. 必要に応じて、習いごとや学校外のサークル活動で話す
　　いつも　　よくある　　まれにある　　まったくない

影響や悩み*
18. 話せないことによって、子どもの学校生活にどのくらい影響がありますか
　　まったくない　　少しある　　かなりある　　大いにある
19. 話せないことによって、家族関係にどのくらい影響がありますか
　　まったくない　　少しある　　かなりある　　大いにある
20. 話せないことによって、子どもの人付き合いにどのくらい影響がありますか
　　まったくない　　少しある　　かなりある　　大いにある
21. 全体として、話せないことによって子どもの人生にどれくらい影響がありますか
　　まったくない　　少しある　　かなりある　　大いにある
22. 全体として、子どもは話せないことをどのくらい悩んでいますか
　　まったくない　　少しある　　かなりある　　大いにある
23. 全体として、あなたは子どもが話せないことをどのくらい悩んでいますか
　　まったくない　　少しある　　かなりある　　大いにある

*これらの項目は全体の評点には含まれていないが、臨床的目的のために含まれている。

図2.1　場面緘黙質問紙（続き）

の発話行為をとり上げている先生がつくった8項目の測定方法である（図2.2参照）。

　SMQとSSQは子どもの場面緘黙の重篤度を測定する優れた方法であるが、この方法は発話や声の大きさ、あるいは不安という点で、子どもの日々の変動に関する情報を提供してくれない。場面緘黙の子どもたちと著者らとの作業では、子どもや両親、それに先生のために開発された日々のモニタリング方式がいくつか活用されている。これらの様式は、これまで著者と共にこうした人々について研究してきた同僚の一人であるジェニファー・ヴェッチオが開発した

第2章　場面緘黙や話すことを嫌がるケースの評価　43

この質問紙に記入した先生の名前＿＿＿＿＿＿＿＿＿
以下の質問項目に答える時には、あなたの児童生徒の行動や＿＿＿＿＿＿＿、
そして過去1ヵ月の活動について考え、それぞれの頻度について当てはまるものを選択してください。

1. 必要に応じて、この児童生徒は学校でほとんどの同級生に話しかける
    いつも　　　しばしば　　　めったにない　　　決してない
2. 必要に応じて、この児童生徒は学校で同級生を選んで話しかける
    いつも　　　しばしば　　　めったにない　　　決してない
3. 先生に呼ばれた時に、この児童生徒は先生に言葉で応答する
    いつも　　　しばしば　　　めったにない　　　決してない
4. 必要に応じて、この児童生徒は先生に質問をする
    いつも　　　しばしば　　　めったにない　　　決してない
5. 必要に応じて、この児童生徒は学校でほとんどの先生や職員へ話しかける
    いつも　　　しばしば　　　めったにない　　　決してない
6. 必要に応じて、この児童生徒はグループ内やクラスの前で話す
    いつも　　　しばしば　　　めったにない　　　決してない
7. 必要に応じて、この児童生徒は言葉を使わない形で（たとえば、指さしやジェスチャー、筆談など）授業に参加する
    いつも　　　しばしば　　　めったにない　　　決してない
8. どのくらい、話さないことがこの児童生徒の学校における活動参加への阻害要因になっているか
    まったくない　　わずかにある　　程々にある　　非常にある

＊許可なく転載不可。

図2.2　学校発話質問紙（SSQ）

ものである（Vecchio & Kearney, 2005, 2007, 2009）。

　その様式の1つは、子どもや両親、それに先生に、子どもが毎日に感じる不安の程度を0から10までの段階で評価させるものである（ワークシート2.2から2.4参照）。ここで、たいていの場面緘黙や話すことを嫌がることは、不安が元になっていたとことを思い出してほしい。子どもたちの場合は、不安や評価システムの考えを理解することができないということもあるだろうから、両親や先生からの情報が重視される。他の場合では、子どもたちは関連している言葉をイライラしているとか怖がっているといったように理解し、そうした形で評価するかもしれない。ある子どもたちはまた心配を評価するのに数的尺度より

ワークシート2.2　子どもの日常における不安の評価

指示：あなたの不安（いらいらした、緊張した、怯えた、怖がった）を0から10の度合い、「0＝なし」、そして「10＝非常にある」で評価してください。0から10までのいずれかの数字を用いてください。

```
0     1     2     3     4     5     6     7     8     9     10
なし                          ある                      非常にある
```

　　　　　　　　　　　日付　　　　　　　　　　不安

　　　　　　　　　―――――　　　　　　　　―――――
　　　　　　　　　―――――　　　　　　　　―――――
　　　　　　　　　―――――　　　　　　　　―――――
　　　　　　　　　―――――　　　　　　　　―――――
　　　　　　　　　―――――　　　　　　　　―――――
　　　　　　　　　―――――　　　　　　　　―――――
　　　　　　　　　―――――　　　　　　　　―――――
　　　　　　　　　―――――　　　　　　　　―――――
　　　　　　　　　―――――　　　　　　　　―――――
　　　　　　　　　―――――　　　　　　　　―――――
　　　　　　　　　―――――　　　　　　　　―――――
　　　　　　　　　―――――　　　　　　　　―――――
　　　　　　　　　―――――　　　　　　　　―――――
　　　　　　　　　―――――　　　　　　　　―――――
　　　　　　　　　―――――　　　　　　　　―――――

も顔の表情マークにより良く反応するのであるが、このことはきちんと評価すべきである。子どもたちには自分で評価できるようにし、両親や先生が子どもの評価に影響しないようにすることが必要である。

　他の様式のものでは、子どもや両親、それに先生がいくつかの状況でその日に話したり、口だけを動かしたり、ささやいたりした言葉の数を記録するように求めている（ワークシート2.5から2.7参照）。こうした状況には主に学校、電話、公の場といったことをとり上げているが、他の状況も関連性のあるものとして加えることができる。その日に話された言葉があれば、両親や先生はまた0から10までの段階で、子どもの発話がどれほど聞きとることができたかを評価する。この評定尺度では、0が誰も子どもの発話を聞くことができないことを

ワークシート2.3 子どもの日常における不安についての親の評価

指示：あなたの子どもの不安（いらいらした、緊張した、怯えた、怖がった）を0から10の度合い、「0＝なし」、そして「10＝非常にある」で評価してください。0から10までのいずれかの数字を用いてください。

```
 0   1   2   3   4   5   6   7   8   9   10
なし             ある                非常にある
```

日付	不安
_____	_____
_____	_____
_____	_____
_____	_____
_____	_____
_____	_____
_____	_____
_____	_____
_____	_____
_____	_____
_____	_____
_____	_____
_____	_____
_____	_____

示しており、10は誰もが子どもの発話を聞くことができることを表している。ワークシートに示したこの評定尺度ではまた、それぞれの当事者が子どもがその日誰に対して話しかけたかを記録する必要がある。

　これらの様式は、子どもの発話がどのくらい聞きとれるのかということや、どのくらいの頻度で生起しているのかということに関する日々の変化や成長をモニタリングする上で極めて有用である。幼い子どもたちは手伝ってもらってこれらの様式をすべて埋めることができるが、多くの場合ほとんどの有用なデータは両親と先生から得られるだろう。特にこの後のいくつかの章でとり上げられている介入手続きを行なう時には、発話における子どもの日々の進展を図式化することを望んでもよいかもしれない。こうした様式はまた、子どもの行

ワークシート2.4　生徒の日常における不安についての先生の評価

指示：児童生徒の不安（いらいらした、緊張した、怯えた、怖がった）を0から10の度合い、「0＝なし」そして「10＝非常にある」で評価してください。0から10までのいずれかの数字を用いてください。

0	1	2	3	4	5	6	7	8	9	10
なし					ある					非常にある

日付　　　　　　　　　　　　不安

　　　　————　　　　　　　————
　　　　————　　　　　　　————
　　　　————　　　　　　　————
　　　　————　　　　　　　————
　　　　————　　　　　　　————
　　　　————　　　　　　　————
　　　　————　　　　　　　————
　　　　————　　　　　　　————
　　　　————　　　　　　　————
　　　　————　　　　　　　————
　　　　————　　　　　　　————
　　　　————　　　　　　　————
　　　　————　　　　　　　————
　　　　————　　　　　　　————
　　　　————　　　　　　　————

動観察をしながら用いることができるだろう（以後の節参照）。読者が対応しているケースの必要性に応じてこうしたワークシートを自由に転写したり、設定やケースにより良く合うように作り直したりしてもよい。

場面緘黙に関連する行動基準

　場面緘黙や話すことを嫌がる子どもを評価する上で重要な点は、こうした問題に最も共通している行動基準を活用することがある。可能な関連性をもつ測度をすべて述べることはこの章の範囲を越えているが、以下の節では基礎のしっかりした精神測定学的特性を有する共通の、有用で、しかも実用的な方法について概観したい。これらの評価尺度に関する参考文献については本書の巻末

ワークシート2.5　子どもの日常における行動の評価

指示：以下の状況で今日、あなたが、大きな声で話した、ささやき声で話した、口だけを動かした数を記録してください。また、発話がどれほど大きいかを0から10の度合い、「0＝誰も聞きとれない」、「10＝誰もが聞くことができる」で評価してください。0から10までのいずれかの数字を選んでください。

```
0      1      2      3      4      5      6      7      8      9      10
誰も聞きとれない           聞きとれる人もいる              誰もが聞きとれる
```

学校
大きな声で話した　　ささやき声で話した　　口だけ動かした　　聞きとれるかどうかの評価
_____　　_____　　_____　　_____

電話
大きな声で話した　　ささやき声で話した　　口だけ動かした　　聞きとれるかどうかの評価
_____　　_____　　_____　　_____

公の場
大きな声で話した　　ささやき声で話した　　口だけ動かした　　聞きとれるかどうかの評価
_____　　_____　　_____　　_____

指示：以下の状況で今日、あなたが、大きな声で話した、ささやき声で話した、口だけ動かした言葉の数を、「はい」あるいは「いいえ」で答えてください。「はい」はあなたがその人とコミュニケーションをとったことを示し、「いいえ」はコミュニケーションをとらなかったことを意味します。「はい」か「いいえ」に〇をつけてください。

学校
口だけ動かした　　　先生　はい　いいえ　　クラスメイト　はい　いいえ　　他の人　はい　いいえ
ささやき声で話した　先生　はい　いいえ　　クラスメイト　はい　いいえ　　他の人　はい　いいえ
大きな声で話した　　先生　はい　いいえ　　クラスメイト　はい　いいえ　　他の人　はい　いいえ

電話
ささやき声で話した　家族　はい　いいえ　　友だち　はい　いいえ　　先生　はい　いいえ
　　　　　　　　　　どの家族のメンバーか_____
大きな声で話した　　家族　はい　いいえ　　友だち　はい　いいえ　　先生　はい　いいえ
　　　　　　　　　　どの家族のメンバーか_____

公の場で
口だけ動かした　　　家族　はい　いいえ　　先生　はい　いいえ　　他の人　はい　いいえ
ささやき声で話した　家族　はい　いいえ　　先生　はい　いいえ　　他の人　はい　いいえ
大きな声で話した　　家族　はい　いいえ　　先生　はい　いいえ　　他の人　はい　いいえ

ワークシート2.6　子どもの日常における行動に関する親の評価

指示：以下の状況で今日、子どもが、大きな声で話した、ささやき声で話した、口だけ動かした言葉の数を記録してください。子どもの発話がどれほど大きいかを0から10の尺度、「0＝まったく聞きとれない」、「10＝完全に聞こえる」で評価してください。0から10までのいずれかの数字を選んでください。

```
0     1     2     3     4     5     6     7     8     9     10
聞こえない               程々に聞こえる              完全に聞こえる
```

公の場で

口だけ動かした	ささやき声で話した	大きな声で話した	聞きとれるかどうかの評価
＿＿＿＿＿＿	＿＿＿＿＿＿	＿＿＿＿＿＿	＿＿＿＿＿＿

電話で

口だけ動かした	ささやき声で話した	大きな声で話した	聞きとれるかどうかの評価
＿＿＿＿＿＿	＿＿＿＿＿＿	＿＿＿＿＿＿	＿＿＿＿＿＿

家庭で

口だけ動かした	ささやき声で話した	大きな声で話した	聞きとれるかどうかの評価
＿＿＿＿＿＿	＿＿＿＿＿＿	＿＿＿＿＿＿	＿＿＿＿＿＿

指示：以下の状況で今日、子どもが、大きな声で話した、ささやき声で話した、口だけ動かした言葉の数を、「はい」か「いいえ」で答えてください。「はい」か「いいえ」に〇をつけてください。

公の場で
口だけ動かした　　　家族 はい いいえ　友だち はい いいえ　先生 はい いいえ　他の人 はい いいえ
ささやき声で話した　家族 はい いいえ　友だち はい いいえ　先生 はい いいえ　他の人 はい いいえ
大きな声で話した　　家族 はい いいえ　友だち はい いいえ　先生 はい いいえ　他の人 はい いいえ

電話で
ささやき声で話した　家族 はい いいえ　友だち はい いいえ　先生 はい いいえ　他の人 はい いいえ
大きな声で話した　　家族 はい いいえ　友だち はい いいえ　先生 はい いいえ　他の人 はい いいえ

家庭で
口だけ動かした　　　家族 はい いいえ　友だち はい いいえ　先生 はい いいえ　他の人 はい いいえ
ささやき声で話した　家族 はい いいえ　友だち はい いいえ　先生 はい いいえ　他の人 はい いいえ
大きな声で話した　　家族 はい いいえ　友だち はい いいえ　先生 はい いいえ　他の人 はい いいえ

あなたの子どもは通常彼または彼女が話さない人に対して、口だけ動かした、ささやき声で話した、大きな声で話したか？　　　はい　　　いいえ

「はい」の場合は、それが誰であるか、そしてコミュニケーションした言葉の数と聞きとれたかどうかを述べてください。

＿＿＿

ワークシート2.7 子どもの日常における行動に関する先生の評価

指示：学校で今日、児童生徒が、大きな声で話した、ささやき声で話した、口だけ動かした数を書いてください。児童生徒の発話がどれほど大きかったかを0から10の尺度、「0＝まったく聞きとれない」、「10＝完全に聞こえる」で評価してください。0から10のいずれかの数字を選んでください。

```
 0      1      2      3      4      5      6      7      8      9      10
聞こえない                  程々に聞こえる                完全に聞こえる
```

口だけ動かした　　ささやき声で話した　　大きな声で話した　　聞きとれるかどうかの評価

指示：以下の状況で今日、児童生徒が、誰に大きな声で話した、ささやき声で話した、口だけ動かしたかを、「はい」か「いいえ」で答えてください。「はい」か「いいえ」のいずれかに○をつけてください。

教室で
口だけ動かした　　　クラスメイト　はい　いいえ　　友だち　はい　いいえ　　先生　はい　いいえ
ささやき声で話した　クラスメイト　はい　いいえ　　友だち　はい　いいえ　　先生　はい　いいえ
大きな声で話した　　クラスメイト　はい　いいえ　　友だち　はい　いいえ　　先生　はい　いいえ

休憩時間
口だけ動かした　　　クラスメイト　はい　いいえ　　友だち　はい　いいえ　　先生　はい　いいえ
ささやき声で話した　クラスメイト　はい　いいえ　　友だち　はい　いいえ　　先生　はい　いいえ
大きな声で話した　　クラスメイト　はい　いいえ　　友だち　はい　いいえ　　先生　はい　いいえ

昼食で
口だけ動かした　　　クラスメイト　はい　いいえ　　友だち　はい　いいえ　　先生　はい　いいえ
ささやき声で話した　クラスメイト　はい　いいえ　　友だち　はい　いいえ　　先生　はい　いいえ
大きな声で話した　　クラスメイト　はい　いいえ　　友だち　はい　いいえ　　先生　はい　いいえ

特別活動の間
口だけ動かした　　　クラスメイト　はい　いいえ　　友だち　はい　いいえ　　先生　はい　いいえ
ささやき声で話した　クラスメイト　はい　いいえ　　友だち　はい　いいえ　　先生　はい　いいえ
大きな声で話した　　クラスメイト　はい　いいえ　　友だち　はい　いいえ　　先生　はい　いいえ

児童生徒は彼または彼女の先生に教室で直接に話しかけたか？　　はい　　いいえ
「はい」の場合、どのくらい他の児童生徒がその場にいたか答えてください。（誰もいなかった、クラス全員がいた、など）

_____

(第2章で紹介している評定尺度の出版元・情報)でとり上げている。

全般的不安や社会不安と抑うつの基準

　全般的不安や社会不安は、明らかに多くの場面緘黙のケースと関連している。抑うつもまたこうしたケースと関連していることがある。このような内在的行動問題については、子どもの自己報告によってしばしば評価されている。より年少の子どもたちは誰かにその項目を読んでもらうことを必要とするかもしれないが、場面緘黙の子どもたちは、これまで一般にこうした基準を進んで完成させようとする。5つの信頼性が高く実用的な子どもの自記入式尺度は以下のとおりである。

- Children's Depression Inventory（児童抑うつ目録：CDI）というのは、悲観的な気分、対人関係の問題、無力感、無快感症、自尊心喪失を測定する27項目の尺度である。
- Multidimensional Scale for Children（児童用多面的不安尺度：MSC）とは、傷つく事態からの回避や身体的な不安、親子分離不安やパニック、社会不安を測定する39項目の尺度である。
- Screen for Child Anxiety-Related Disorders（児童用不安関連障害査定表：SCARD）とは、身体的、あるいはパニックの兆候、全般的不安、分離不安、社会不安、学校に関わる恐怖などを測定する41項目の尺度である。
- Social Anxiety Scales for Children-Revised and Social Anxiety Scales for Adolescents（児童用社会不安尺度改訂版：SASC-Rと青年用社会不安尺度：SASA）とは、同級生からの否定的な評価、新しい状況に特有な社会的回避と苦痛、一般化された社会的回避と苦痛などを測定する26項目の尺度である。
- Social Phobia and Anxiety Inventory for Children（児童用社会不安恐怖・不安目録：SPAIC）とは、主張、一般的な会話、身体的認知的兆候、回避、社会的な実行能力などに関連する項目を含む社会不安に関する26項目の尺度である。

反抗的行動の基準

　反抗的行動もまた場面緘黙や話すことを嫌がることの特徴でありえる。反抗的行動のほとんどの基準には、外顕的および内在的な行動問題を含む両親用および教師用の質問項目やチェックリストが含まれている。精神測定学上その根拠が強力で実用性を有しているのは以下のものである。

- Child Behavior Checklist and Teacher's Report Form（児童行動チェックリスト教師評定用：CBCL-T）とは、誤った行動、つまり不安／意気消沈、引きこもり／意気消沈、身体的不満、社会的問題、思考上の問題、注意の問題、ルール違反行動、攻撃的行動といったいくつかの要因についての113項目の尺度である（この尺度には11歳から18歳の青年の自己報告版である「児童行動チェックリスト自己記入式：CBCL-Y」がある）。
- Conners Ratings Scales（コナーズ評価尺度：CRS）（両親と教師用改訂版）とは、反抗的、認知の問題／不注意、多動性、心配－引っ込思案、完全主義、社会的問題、心身症といったいくつかの要因についての80項目（ロングバージョン）あるいは27項目（ショートバージョン）の尺度である。
- Child Symptom Inventory4（児童精神症状目録第4版：CSI-Ⅳ）（両親のチェックリスト97項目と教師のチェックリスト77項目）とは、以下の問題をスクリーニングする。つまり、注意欠陥／多動性障害、反抗挑戦性障害、行為障害、全般的不安障害、社交恐怖、分離不安障害、強迫性障害、単一恐怖、大鬱病性障害、気分変調性障害、統合失調症、広汎性発達障害、運動性そして音声チック障害などである。

コミュニケーションの問題の基準

　場面緘黙や話すことを嫌がる子どもたちは、コミュニケーションや発達上の問題をかかえている場合もある。このことがある特定の子どもに当てはまるのではないかと思う場合は、子どもの知的水準、学業面の到達度、それに発話能力や言語能力について評価することが必要である。場面緘黙や話すことを嫌がる若者について知的水準、学業面の達成度、そして発話や言葉を評価すること

は、明らかに難しい問題となっている。しかしながら、多くの検査には、子どもの認知や言語能力についていくらかの情報を集めることができるような非言語性の尺度を用意している。関連するすべての基準について完全に述べることはこの章の範囲を越えているので、この領域おける最新情報に遅れないようにするためには、非言語的な評価に関するごく最近のテキストを入手するように勧めたい。場面緘黙や話すことを嫌がる子どもたちに共通し、心理測定尺度として有力で、しかも有用な検査については、以下に述べる。ここでとり上げられている知的水準や学業面の到達度の検査については、大手の検査会社を通じて入手することができる。

　子どもたちや若者たちに最も一般的な知能検査は、ウェクスラー式幼児用知能検査（WPPSI）とウェクスラー式児童用知能検査（WISC）である。場面緘黙や話すことを嫌がる子どもたちのほとんどはこうした検査の言語性の課題では明らかにうまくいかないだろう。そのため、少なくとも子どもの知的能力について基礎的な理解を確実に得るために動作性の下位検査を活用することを勧めたい。こうした基準についての動作性のあるいはその他の非言語的な下位検査は、一般に知覚推理、ワーキングメモリー、処理速度と関係している。

　課題の中には言語インプットを必要としないものもあるので、他の基準もまた場面緘黙児を知的水準、学業面の到達度で評価するのに役立つかもしれない。場面緘黙児に対しては、こうした検査の非言語性下位検査が強調されることが必要である。話すことは嫌がるがある程度話すかもしれない子どもたちの場合は、言語性下位検査についても可能であるかもしれない。以下の方法は役立つだろう。

- Kaufman Assessment Battery for Children-II（カウフマン心理・教育アセスメントバッテリー第Ⅱ版）は、一般的な認知能力と学力を測定する。非言語性尺度では児童生徒が身振りを用いて答えることを認めている。
- Peabody Individual Achievement Test- Revised（ピーボディ個別式到達度検査改訂版：PIAT-R）は、読解、数学、それに語の綴りについて多くの選択肢の中から一つを指さしで選ばせることのみで評価する。

- Raven's Progressive Matrices（レーヴン漸進的マトリックス検査：RPM）は、マトリックスの欠如している部分の認識を求める多様な選択式テストを用いて、抽象的推論能力を測定する。
- Test of Nonverbal Intelligence-3（非言語性知能検査：TNI-III）は、指さしやうなずき、それにジェスチャーを求める非言語的な様式で、知能、適性、抽象的推論能力、問題解決などを測定する。
- Wide Range Achievement Test-Expanded（全般的到達度検査）は、読解能力や数学を測定するのであるが、非言語的推論の要素が含まれている。

発話や言語評価は、場面緘黙や話すことを嫌がる子どもにとって明らかに努力が必要である。ある研究者たちは物語などの書籍の使用を勧めており（McInnes, 2004）、以下の検査の非言語的な側面もまた役立つかもしれない。

- Children's Communication Checklist-2（児童用コミュニケーション・チェックリスト第2版）は、子どもの非言語的コミュニケーション、発話、統語、一貫性、意味、文脈の使用、その他の言語能力について両親が完成させるものである。
- Clinical Evaluation of Language Fundamentals-4（言語力臨床評価尺度第4版）は、音韻意識や他の能力とともに表出言語や受容言語を広く測定する。
- Lindamood Auditory Conceptualization Test-3（リンダムード聴覚概念化検査第3版）は、視覚的な媒体を用いて話し言葉の音を知覚し、概念化する能力を測定する。
- Peabody Picture Vocabulary Test-III（ピーボディ絵画語彙発達検査第III版：PPVT-III）は、児童生徒に正しい答えを指さすように求めることで受容語彙力を測定する。
- Preschool Language Scale-4（就学前言語尺度第4版）は、6歳11ヵ月までの子どもたちの聴覚的理解力、表出性コミュニケーション、その他の言語能力を測定する。
- Test of Auditory Comprehension of Language-3（言語の聴覚的理解力検査第3

版）は、子どもに正しい答えを指さすように求めることで語彙力、文法、統語に関する能力を測定する。
- Token Test for Children-2（児童用トークン検査第2版）は、あらかじめ決められた方法で、口頭で語られた指示に基づいて子どもに操作させることで受容言語の機能不全を測定する。
- Utah Test of Language Development-4（ユタ式言語発達検査第4版）は、受容及び表出言語スキルを測定する。

行動観察

　学校関係者の時間は非常に限られているので（学校関係者というのは著者が知っている限り最も時間負担のかかった人たちである）、これまで、（1）面接の質問、質問紙、ワークシートといったようにできる限り時間のかからないことを必要とするか、（2）標準的な検査のような学校に常駐するソーシャルワーカーや心理士の通常業務の範囲内で行なえるか、そのいずれかの方法の提案を試みてきた。場面緘黙児を評価する上で極めて貴重なもう一つの評価様式は、行動観察である。行動観察には、行動様式や機能に関する情報を得るために、家庭や遊び場のような自然な環境で子どもやその両親を観察することが含まれる。この評価方法は、理想を言えば緘黙の問題や何がその問題を継続させているかをよく理解するために十分な時間をとって子どもを観察する必要があるであろうが、時間を集約させることもできる。言葉を換えていえば、良い行動サンプルが欲しいということなのである。

　場面緘黙や話すことを嫌がる子どもの観察は、観察する行動の量は限られているので、必ずしも複雑である必要はない。もし可能であれば、家庭、2、3ヵ所の公の場、そして学校の様々な場所で子どもを観察するとよい。子どもの家庭や公の場で行動観察を行なうことは明らかに多くの時間やエネルギーを要するか、その情報は介入アプローチをどのように、そして目標をどこに設定するかということに役立つであろう。たとえば、誰かが子どもに話しかけようとすると、身体を引いたり縮こまったりするのを見ることがあるだろうが、これはある意味で社会不安を示しているのかもしれない。あるいは子どもが話しか

けられ、褒められ、あるいは何かするように頼まれる時に、癇癪を起こしたり嫌な顔をしたりするのを見ることもあるだろうが、この場合は反抗的な行動を示しているのかもしれない。

もし両親の同意を得て、家庭で子どもの行動観察をすることができるのであれば、以下のようなことを観察するとよい。

- 両親、きょうだい、それに家によく訪ねてくる親戚のような本人がよく知っている人たちとの間で対話があるのかどうか、そしてどのような形で対話をしているのか（たとえば、ゲームや食事中だとか、学校の準備をしている時など）？
- 他の家族のメンバー、特に年上のきょうだいが子どもに話す余地をほとんど与えずに、家庭内の会話を独占する傾向にあるかどうか？
- 家族間のコミュニケーションは存在するか？ あるいは、葛藤などの家族力動が見られるか？
- 家庭では主にどんな言葉が話されているか？
- 子どもが電話や戸口への訪問者の応対をするように求められているのか、そして子どもがそういったことを回避するかどうか？
- 子どもが話をしていたりその他の行為を行なっていたりする時に、コミュニケーション上の問題や発達の遅れを抱えているように見えるかどうか？
- 家庭に観察者がいることが子どもに何らかの影響を与えているかどうか？

公の場で子どもの行動観察を行なうことができる場合は、以下のことについて観察するとよい。

- 子どもの両親や他の家族のメンバーとのやりとり
- ウェイターや店員のような見知らぬ人とのやりとり
- 代替行動
- 子どもが話せない時の両親や他者の反応（たとえば、子どもに合わせるとか、叱責する、無視する）

- 両親は子どもが話すことを期待しているのか、命じているのか、あるいはどのような形で期待したり命じたりしているのか

学校で子どもの行動観察を行なえる場合は、以下のことについて観察するとよい。

- 登校前、学校にいる間、放課後の親子のやりとり
- クラスでの子どもとのやりとり、運動場のような自由な環境での先生と子どものやりとり
- 同級生が支援対象となる子どものために他者への情報伝達を手助けしているかどうかや、それをどのような形で手助けしているのかということも含め、クラスや運動場のような自由な環境での同級生と子どものやりとり
- 代替行動
- 子どもの対話レベルが状況によって異なっているかどうか（たとえば、運動場とクラス）
- 子どもが学校の人々に情報を伝えるために、両親へ進んで話しかけるかどうか
- 子どもが避けた特別な社会的ないし評価すべき状況
- 話すことを嫌がるのが正当であるような脅しやその他の問題
- 学習、社会、音楽や芸術、体育といった技能での子どもの成績
- 不安や反抗的な行動、あるいはコミュニケーション上の問題を示すような行動
- 学校を拒否する行動

これらのような広範な行動観察ができる状況ではないということはあるかもしれない。その場合は、両親や子どもをオフィスに呼んで面接し、基本的な行動観察をすることを勧めたい。この状況でびくびくしていたり動転していたりする子どもの場合は、かなり社会不安を抱えているだろう。両親にしっかりしがみつく子どもの場合は、かなり大きな分離不安や注意を引こうとする行為を

とる可能性があるかもしれない。さらに他の子どもたちは、学校で話をしないという「現状」を継続することを望んでいるために、反抗的な行動を示すこともあるだろう。学校の様々な場所で、どれだけ子どもに話をさせることができるかということを観察するように勧めたい。いつ介入を始めることができるかを決める際に、この情報が役立ってくれるだろう。

　観察された行動が場面緘黙の特定の機能を明らかにしてくれたか、ということを正確に示すような「詳しい手引き書」は一切ない。本章で述べられている他の方法についての情報については、最高の判断や行動観察を補完するために使用する必要があるだろう。さらに、社会不安、反抗的行動、コミュニケーション上の問題、注意を引こうとする行動、代替行動の面や、それに本章と第1章で述べている場面緘黙のその他の主要な面の観察を行なうことを強く勧めたい。

記録の再検討

　場面緘黙症の子どもが付加的な問題を生じさせているかどうかということに注目するために、子どもの出席や学習状況、それに他の学校場面での記録を再検討するように勧めたい。すでに述べたように、場面緘黙は学校を拒否する行為につながるほどかなり深刻なものであり得るし、言葉が求められた場合に学習の妨げとなるし、正式なテストでの試みを排除することにもなり得るのである。しかし、場面緘黙の子どもたちのほとんどはかなり年齢が低いので、両親や先生との話し合いや行動観察によってすでにこうした分野はカバーされたであろうと思う。

評価情報のまとめ

　本章では、場面緘黙や話すことを嫌がる子どもについての情報を集める様々な方法についてこれまで述べてきた。しかしながら、この情報すべてをひとまとめにすることはちょっとした骨の折れる作業である。いったん、でき得る限りの徹底した評価を行なった場合は、データの中で行動パターンを見つけ出す必要がある。たとえば、両親の報告と読者の行動観察の結果が一致しているだ

ろうか。あるいは、場面緘黙の場合に予期されるように、ほとんどの状況において子どもは話すことができないのだろうか。

　データ中のパターンを探しながら、子どもの場面緘黙を何が継続させているかということについて意見をまとめるようにするとよい。その際、本章と第1章で述べている場面緘黙の主な理由に着目してほしい。子どもが1つ以上の理由で話すことを嫌がっている可能性（たとえば、不安やコミュニケーションの問題）についても、特に長期の場合には考えなくてはならない。

　意見がまとまったら、再度両親や先生、そして場面緘黙について専門的な知識と経験を有する人物にその仮説について話し合い、こういった人たちが同意するかどうかということを確認することである。この時点でも子どもの場面緘黙の状況がはっきりしないことがあるだろう。この場合は、何が生じているかについて確信がないので、こうした人々は適切な情報の提供ができないということかもしれない。そしてまた、子どもが問題を抱えていると両親は信じないこともあるということを思い起こしてほしい。他のケースでは、場面緘黙の様式と機能について両親の間で意見が違ったり、両親と子どもの間で違ったりすることもある。こうした場合には、証拠の優位性がこちらなのかあちらにあるのかということについて考えなければならないであろう。加えて、読者自身の行動観察がこの種の場合にはより重要になるだろう。

　評価過程ができる限り完成したものとなった場合には、子どもの両親と会ってその考えを十分に指示することである。子どもの行為がどのように長期間継続しているかということや、社会不安、反抗的な行動、コミュニケーション問題、子どもが話さなくなったことに影響していると思われるその他の要因についての特殊なケースについても提供することが必要である。両親を励まして行動観察者の調査結果どおりに取り組ませることが大切であるが、それには観察者の意見に対するできるだけ多くの証拠を提供する必要がある。

　最後に、両親にはこれから行なう介入についての論理的な根拠を提供する必要がある。

①子どもの場面緘黙が不安に基づいている場合は、その不安管理の技法をどのようにしたら効果的かということを指摘すること必要がある（第3章および第

4章参照)。
②子どもの場面緘黙が反抗的行動に関連している場合は、どのような対応をすべきかを指摘する必要がある（第5章参照)。
③子どもの場面緘黙がコミュニケーションや発達上の問題と関連している場合には、教科学習のプログラムがいかに効果的であるかということを指摘する必要がある（第6章参照)。
④子どもの場面緘黙や話すことを嫌がるということが、トラウマ、鬱病、家族問題といった他の特別な事情と関連していると思われるような場合には、十分な話し合いを行ない、より良いプログラムを提案すること必要がある。これから行ないかなるプログラムについても、両親には読者が概説する戦略がどうであろうと専心することを求め、質問には完全に答えてもらう必要がある。

本章のまとめと次章の紹介

　場面緘黙児の臨床像や機能について評価することは困難な作業であるが、このことは極めて重要なことである。実際、評価の過程は、介入中も介入後も継続される必要がある。さらに、場面緘黙の場合にはちょっとしたミスやぶり返しが起こる可能性があるので、子どもの発語の頻度や発語が聞きとれるかどうかということについての広範なモニタリングが無期限に続けられることが必要である（第7章参照）。本章では、場面緘黙や話すことを嫌がる若者たちの評価を行なうための一般的枠組みやいくつかの手法について紹介したが、特定の設定内でも実行できるような対応策を用いる必要がある。そうした場合であっても、日々の子どもの行動の「基本」に焦点を当てることが大切である。

　次の2つの章（第3章および第4章）では、場面緘黙や話すことを嫌がることが社会不安に関連していると思われる子どもたちのためのエクスポージャー法について述べられている。第3章では、家庭場面での介入手続きに焦点が当てられ、階層の作成と見直し、リラクセーション、呼吸法、特定の刺激や事態に対するエクスポージャー法、シェイピングやプロンプティングがとり扱われている。第4章では、地域社会や学校場面での介入方法に焦点を当て、エクスポージャー法、刺激フェイディング法、セルフモデリング、ソーシャルスキル・トレーニング、そして特に認知的な課題をとり扱っている。

第3章 家庭場面でのエクスポージャー法に基づく実践

　チェイスは7歳の男の子である。学校ではめったに話さないが、話をする時は小さくささやくような声で話す。両親はこのような彼の行動に驚いている。というのも、家庭では兄とよく話しているからである。現在彼は小学2年生になっているにもかかわらず、依然としてクラスでは質問に答えることができず、先生に助けを求めたりしている。成績は平均的であるが、クラスで行なう書きとりや班対抗の掛け算のような学習活動にもっと積極的に参加すればより高い点数をとることができるだろう。彼はリズムのパターンを言葉によって繰り返すような音楽は苦手である。アセスメントの結果、チェイスはアイコンタクトを避けたり震えていたりして明らかに不安を抱いており、特に自分がよく知らない人の前では極めて神経質な態度をみせるとされている。

　リンは小学4年生になる9歳の女の子であるが、積極的に他の人とかかわろうとしない。この学校へは2年前に韓国から転校してきたが、過度の引っ込み思案で他の人とのかかわりを避けている。リンは英語を上手に話す。運動場ではクラスメイトと遊びまわっているが、授業の時間となると顔を下げたままで自分からはめったに話さない。家庭では問題がないし公の場でも特に問題ない態度で振る舞っているのだ、と両親は言う。リンは学校からの電話では話をするが、人と顔を合わせて話すことができない。学校では「身体をこわばらせて」いたり、時には授業中に涙ぐんでいたりして、いつも家へ帰りたがっているのだ、と彼女の担任の先生は言う。自分に対する周りの人からの評価を絶えず気にしており、このことが彼女に大きな不安状態を生みだしていると、アセスメントによって評価されている。

　社会不安*というのが場面緘黙や話すことを嫌がることの主立った特徴であり、第1章と第2章ではその多くのケースをとり上げた。チェイスとリンは、

人を避けたり、震えたり、涙ぐんだりといった社会不安の多様な面を抱えているように見える。このようなケースをとり扱う上で鍵となる課題は、子ども自身がそうした不安をコントロールできるレベルまで押し下げ、会話をすることが一層楽しいものとなり、もっとはっきりと聞こえるような声で頻繁に話ができるように仕向けることである。こうした会話の設定には、家庭や地域、学校といった環境とかかわりをもっていることが重要である。子どもにとって困難で不安を抱かせている状況の中で、徐々に言葉を発するようにさせるという目的を達成するのに鍵となるのが、エクスポージャー法に基づく実践である。

　本章では家庭場面でのエクスポージャー法に基づく実践やその他の技法に焦点を当てる。また、第4章では地域や学校場面でのエクスポージャー法に基づく実践やその他の技法について述べる。子どもの暮らす家庭や地域に介入を行なうことは難しいかもしれないが、そうすることによって特定の子どもにとっての予後が改善するかもしれない。通常、場面緘黙の多くの子どもたちにとって学校で話をするということが最も困難な課題となっている。家庭や公の場で信頼関係を発展させ、発話経験を積み重ねることができれば、学校での介入も容易になるだろう。

　支援者にとって学校での介入が唯一の選択肢になると感じるならば、第4章に述べられている手続きが重要となる。しかしながら、学校の集団で不安が生じる範囲、信頼関係の構築、介入の実施について把握することが主目的となるのであれば、本章全体を見渡すのがよいかもしれない。本章で述べられている手法は家庭で実践できるので、両親へも伝えるとよいであろう。以下の各節で、不安、エクスポージャー法に基づく実践、両親と子どもに行なうコンサルテーションの概要について紹介したい。

不安の概要

　本章（家庭場面でのエクスポージャー法）と次章（地域や学校場面でのエクスポージャ

[訳者註]
＊**社会不安**：社交不安ともいう。他者の注目・注視を恐れる、社会的な交流・交渉の場で不安が喚起される、不安を喚起される場面を回避・忍耐する、などを主たる症状とし、時に振戦（随意筋の不随意な震え）を含む身体症状を示すもの。

一法）で議論されている介入を、最も効果的に実践するためには、不安というもののいろいろな様相を理解し、エクスポージャー法に基づく実践の手順について計画を立てることが必要である。不安というのは、人前ではっきりと、聞きとれる声で話すことについての、悩み、心配、不快、臆病、恐怖、懸念といったことを指している。子どもたちは、不安や悩みを、叫んだり、引きこもったり、癇癪（かんしゃく）を起こしたり、イライラしたり、落ち着かなかったり、震えたりといった様々な方法で表しているのかもしれない。

　不安は3つに分けられる。その1つは、痛み、震え、揺すり、胸騒ぎ、息切れ、過呼吸（呼吸が早すぎること）といった身体的な不快感である。冒頭で紹介したチェイスは不安に伴う身体症状を有していたし、リンはクラスで涙ぐんだりしていた。2つ目は、子どもが抱きがちな「何か悪いことが起きるのではないか」という不快な考えや心配である。不安を抱いている子どもたちは割と心配症であることが多く、場面緘黙の子どもたちの場合は自分の声や発言に対して他の人が「何らかの否定的な反応をするのではないか」という不安や心配を常に抱いているものである。

　不安の3つ目は、行動によって構成されている部分、不安な時に子どもがとる行為である。不安を抱いている多くの子どもたちは不安な気持ちを変えたり追い払ったりするために、場面から回避したり人々から遠ざかったりする。たとえば、チェイスはクラスの書きとり競争に参加しない。場面緘黙の子どもたちはしばしば他の人へ話しかけたり、社会的な場面で様々な人々とのかかわりが必要な行事に参加したりすることを避ける。こうした回避行動はしばしば不安な感情を少しでも鎮めようとしてとる行動であるが、それは歯医者を怖がる人の行動になぞらえてみるとよく分かる。彼は予定された約束を取り消し、大きな安心感を得るのである。しかし、こういった安心感はその後も回避行動を繰り返すことにつながってしまう。場面緘黙のある子どもたちは、身体的な不快感を軽減しようとして沈黙を選択するのである。

　第1章ですでに述べたように、多くの場面緘黙の子どもたちは1つ目と3つ目の不安の様相、つまり身体的な不快感と発話の回避を示す。子どもたちは、話すことについて不快な考えや悩みをもっている者もいるかもしれないが、幼

い子どもたち、特に場面緘黙の子どもたちの場合はこうした考えをはっきりと言い表すことがない。こうした考えのいくつかは子どもたちがより頻繁に話し始めるにつれて明白になるので、その後の介入の過程でとり扱うことが望ましいであろう（このことについては本章の後半で詳しく述べる）。

　また、場面緘黙の子どもの示す社会不安や話ができないということが、家庭、学校あるいは他の場所で、脅威があるのだから仕方がないというふうになってはならないことをもう一度思い出してほしい。不当なとり扱いを避けようとして沈黙していたり、学校でクラスメイトに脅されていたり、いじめられたりして、その他の方法でクラスメイトに脅されている子どもたちの場合は、本章や次章で述べられているエクスポージャー法に基づいた技法ではあまり望ましい効果は得られないかもしれない。そうした場合には、介入をする前にそのような脅威を排除することが必要である。脅威が排除された後でも困難を抱え続ける子どももいるであろうが、脅威の排除後であればエクスポージャー法に基づく実践がもっと適切なものとなるであろう。以下にエクスポージャー法に基づく実践の概要について述べてみよう。

エクスポージャー法に基づく実践の概要

　第1章で述べたように、エクスポージャー法に基づく実践というのは、段階的に困難や不安を引き起こす場面を提示して、徐々に子どもに言葉を発するようにさせる一連の技法である。エクスポージャー法に基づく実践では、子どもが特別な場面における不安な感情をよりくつろいだ感情へと置き換えるのを手助けするように、そしてまた子どもが徐々に様々な場面ではっきりと聞きとれる声で話す能力を育てることで、自己効力感を増大させるように設計されている。子どもがある場面で快適に話せるようになると、この能力はもう一つのより一層困難な場面へと般化され得るであろう。このことは子どもがあらゆる場面で上手に話すことができるまで続けられる。

　エクスポージャー法に基づく実践は、その性質上、「最も不安を起こさない」から「最も不安を起こす」（最も困難でない場面から最も困難な場面）へと並べられた階層に従って実施される。場面緘黙児は家庭では不安の程度も低く、かなり

上手に話すことができる。そのため、介入はしばしばここから始められる。学校を舞台に活動する精神衛生専門家は、家庭で子どもと話すことから始め、その後徐々に自宅周辺といった他の場面へとこの過程を広げていくが、これはまた放課後の学校に関連する様々な場面を含めて継続することもある。エクスポージャー法に基づく実践ではまた、言葉を発しない形で口だけを動かしたり、ささやき声で話したり、穏やかに話したり、大声で話したりするという階層を用いることができる。

　エクスポージャー法に基づく実践は、時々、子どもたちに多様な身体的な不安を軽減させる方法と併せて用いられる。第1章で紹介したように、リラクセーション・トレーニングや呼吸法は、子どもたちに不安に伴う身体症状をコントロールさせるのに用いられる。子どもたちの中にはこれらのリラクセーションの練習にとてもよく反応する子どももいるが、そうではない子どももいる。しかし、この技法は手軽であり言葉も必要としないので容易に習得できる。子どもが階層のそれぞれの話す項目の段階に到達した場合に、リラクセーションの練習を実行するとよいであろう。

　エクスポージャー法に基づく実践は、子どもに社会不安を軽減させ、様々な場面でより頻繁に、よりはっきりと聞きとれるような声で話す能力を伸ばすことを促す。したがって、エクスポージャー法に基づく実践は、身体的な不快感や話を回避するという不安の2つの主要な構成要素に対処するために役立たせることができるであろう。すでに述べたように、不安の認知や思考面についてはエクスポージャー法に基づく実践の過程の後半でとり扱われる。

両親と子どもへのコンサルテーション

　アセスメントで分かったことや不安についての内容、そしてエクスポージャー法に基づく実践における合理的な理由については、（もし可能であれば）両親や子どもに詳細な点に至るまでコンサルテーションを行なうことが大切である。アセスメントで分かったことについて議論する場合、データから分かる行動パターンに特に注目することが重要である（第2章参照）。支援者が子どもの場面緘黙が社会不安と密接に関係していると判断した場合は、質問項目、ワー

クシート、観察あるいは他のアセスメントデータのどの部分がその主張の裏付けとなるのかという点に着目することである。

　子どもに最も関係がありそうな特定の不安の因果関係について話し合う場合は、最近の子どもの様々な行動の中から特筆すべき出来事に全力を注ぐとよい。たとえば、レジナルドの場合について考えてみよう。

　8歳の男の子であるレジナルドは、学校に行って他の者と話すことに大きな悩みを抱えている。彼の母親によれば、彼は登校前になるとイライラし、震えたり、胃腸が痛くなったり、気分が悪くなったりするのだという。母親が息子を車で学校の運動場まで連れて行くといつも彼女にしがみつき、静かに泣く。彼は迷ったあげくクラスに入っても先生やクラスメイトに話しかけようとはしない。クラスではイライラしており、特によく知らない人が周りにいる時は、対人不安の様々な特徴が現れることがアセスメントから分かっている。レジナルドは母親に家庭で行なう学習プログラムをさせてほしいとせがんでいる。

　レジナルドの不安についての連鎖は、震えや胃痛、いら立ちといった身体的な感覚を契機に始まっているようだ。多くの子どもたちにとってこうした身体的な感覚はとても不快なものであり、当然そうした不快感から逃れる行動をとろうとする。レジナルドの場合は母親にしがみついたり、登校を嫌がったり、家庭で学習したいと言ったり、当然であるがクラスで話すことができなかったという経験が彼の不安を示す様々な行動として顕在化することになる（図3.1参照）。レジナルドもまた図3.1に示されているような不安の認知をもっている可能性があるが、介入の初期段階ではこうしたことに接することはできないかもしれない。

　子どもの不安の連鎖については、両親や子どもに対して説明を行ない、検討することができるであろう。両親や子どもの観察報告が支援者のものと異なっている場合は、彼らに勇気をもって異を唱えるようにさせることが必要である。必要であれば、子どもの不安の連鎖に関する支援者の見解を修正するために、家族の関係者から追加情報を入手するとよいだろう。最も重要なことは、

第3章 家庭場面でのエクスポージャー法に基づく実践　67

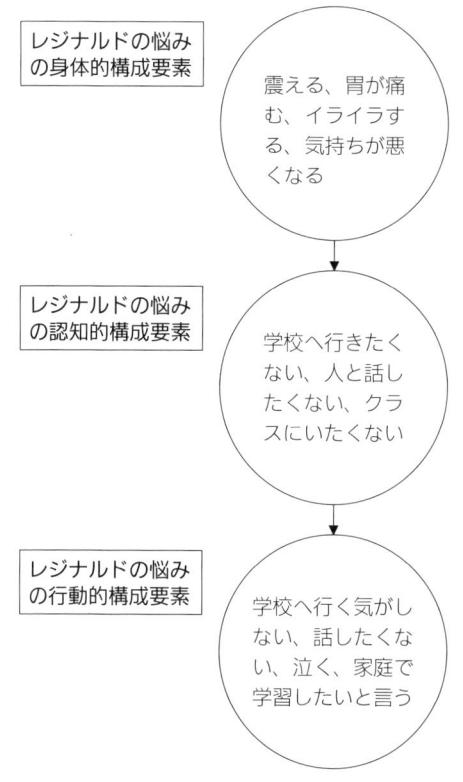

```
┌─────────────────┐
│レジナルドの悩み │    ┌─────────────┐
│の身体的構成要素 │    │震える、胃が痛│
└─────────────────┘    │む、イライラす│
                       │る、気持ちが悪│
                       │くなる       │
                       └─────────────┘
                              │
                              ▼
┌─────────────────┐    ┌─────────────┐
│レジナルドの悩み │    │学校へ行きたく│
│の認知的構成要素 │    │ない、人と話し│
└─────────────────┘    │たくない、クラ│
                       │スにいたくない│
                       └─────────────┘
                              │
                              ▼
┌─────────────────┐    ┌─────────────┐
│レジナルドの悩み │    │学校へ行く気がし│
│の行動的構成要素 │    │ない、話したくな│
└─────────────────┘    │い、泣く、家庭で│
                       │学習したいと言う│
                       └─────────────┘
```

図3.1　レジナルドの不安の連鎖

支援者が説明する不安の連鎖について家族の関係者全員が完全に納得したかどうかを確認することである。というのも、そうした説明は支援者が行なう介入についての合理的な論拠として役立つことになるからである。特に、子どもがいかなる場面でもすっかり話をすることができるように、子どもの不安の、とりわけ身体的・行動的構成要素について語らせるように家族のメンバーに勧めることである。この不安の連鎖についての見解を用いて家族のメンバーに不安の様相について納得させ、彼らに行動計画を進めるように勇気づけることである。

　支援者はまた、本章で述べられているすべての介入を実践する必要があると

いうことを家族のメンバーに伝える必要がある。著者が通常子どもたちや両親にも行なっている類似のやり方には、不安をコントロールするのに新しい技法を学習するということがある。子どもが最近習得したスキルの内容、たとえば自転車に乗る、ピアノを弾きながら歌を唄う、こういった具体例を挙げてもらうとよい（子どもはまた書いたり、ひそひそ声で話したりすることで最近習得したスキルについて伝えるかもしれない）。家族のメンバーには最初はどうしても大人の助けが必要で何度か失敗するような学習過程についても話をさせてみるとよい。練習を積み重ねることで子どもは一人でも成し遂げることができるようになるのである。このことは不安のコントロールについても同じことが言える。最初は他者に話しかけても、ビクビクして感情をコントロールしたりすることは難しいかもしれない。しかし、練習を重ねることで他の者に話しかけるということも一層容易になるであろう。

いったん皆が同じ段階に到達した時点で、支援者が期待している介入の方向性や時間的な流れについて概要を述べるとよい。介入の一般的な方向性には、階層の発展（次節参照）、筋弛緩、呼吸法、家庭場面でのエクスポージャー法などが挙げられる。家庭場面でのエクスポージャー法には、子どもの家庭でささやくように話したり、優しい声で話したり、大声で話したりするといった様々なレベルでのやりとりを要求することも含まれている。地域や学校場面でのエクスポージャー法については、第4章の後半で述べる。

介入の時間的な流れについては、わずか数週間で解決したり、数ヵ月かかったり、延長した期間内に極めて集中的な介入が必要とされることもあったりして予測することは困難である。介入には両親や子どもにかなりの努力が必要とされるが、より頻繁に実践すればするほどより早く結果が得られるということを説明しておく必要があるであろう。介入は少なくとも数週間、場合によっては数ヵ月間続くこともある。しかし、いったん子どもはある場面ではっきり話すようになれば、すぐ他の場面にも般化*するといったことが著者のこれまで

［訳者註］
*般化（刺激般化）：指導などによって形成された行動が、指導された環境以外（様々な場面や人）でも生起すること。

の多くのケースで分かっている。もちろん、両親のモチベーションとか、どれくらい家庭訪問ができるかとか、子どもが抱えている他の行動問題とか、先生がエクスポージャー法にどれだけ意欲をもってやろうとしているかといった様々な問題によってもこれらは影響される（第7章参照）。

階層*の作成

エクスポージャー法に基づく実践の重要な最初の段階は、階層を作成することである。階層というのは、「子どもが聞きとれる声で話すことが最も困難でない」から、「最も困難である」までを並べた項目のリストである。階層はエクスポージャー法の過程を構造化する上で重要であり、支援者や両親、先生そして子どもに治療がこれからどのように進展し、最終段階がどのようになるのかを示すロードマップなのである。通常、階層は、子どもの寝室とか、家庭内の他の場所で誰かに話しかけるように求めるといった比較的簡単な課題から始められる。そして、子どもに対しては、介入を続けるにつれて徐々により困難な場面で話すように求める。すでに述べたように、階層にはまた、口だけを動かしたり、ささやき声で話したり、優しい声で話したり、大声で話したりといったいろいろな発話のタイプをとり入れることもできる。

それでは、オースティンのケースを挙げて、階層の見本をつくってみよう。

彼は小学1年生になる6歳の男の子であるが、学校ではまったく話をすることがない。彼は幼稚園でも稀にしか話すことがなかったし、彼の両親はそれを単に息子が内気であるからだと考えていた。彼は家庭では兄や妹とよく話すのに、公の場になるとコミュニケーションを両親に頼ったりする。また、電話では小さな声で他の人と話をするが、それも30秒くらいでしかしない。オースティンの担任の先生は、オースティンは運

[訳者註]
* **(不安)階層**：不安階層表とは、クライアントに不安・恐怖反応を引き起こす刺激や状況を特定し、それらの強さを段階的（多くは10段階）に配列した表のこと。系統的脱感作法やエクスポージャー法の実施では不可欠。不安階層表の作成方法は、主観的な不安・恐怖の強さを0〜100の値で得点化したSUD（自覚的障害単位）を使用し作成されることが多い。

動場ではある程度クラスメイトと遊んではいるが、クラスの中では独りぼっちでいるのだと言う。正常な知的レベルや課題を達成する力をもっているのであるが、学校心理士のアセスメントでは場面緘黙であるとされている。いくつかの不安の特徴、たとえば他の者が彼に話しかけた時には震えたりうつむくといった行為が見られる。

　オースティンにとって、エクスポージャー法に基づく実践はまさにうってつけであると言える。というのも、彼の場面緘黙の場合、社会不安のいろいろな要素を含んでいるからである。彼の階層の作成には両親や先生、そしてできればオースティン自身の情報を含めるべきである。階層の項目については、家庭にいるように、比較的居心地が良く、しかも他の者に話しかけるであろう場面から始めることが必要である。図3.2は、オースティンの階層の見本である。
　ご覧の通り、ここではオースティンにとって最も容易な項目が階層の底辺に、そして最も困難な項目が一番上に位置している。ただこれは一例に過ぎない。支援者は自分が対応している子どものための独自の階層を定めることが必要であるが、その場合にはこのケースのような段階が含まれているかもしれないし、含まれないこともあるであろう。また、こうした見本の段階のいくつかは別の子どもたちの場合には細分化することも必要である。子どもには、①公の場で学校の関係者へ話しかけること、から②学校で関係者へ話しかけたりすることへの切り替えがとても困難であるかもしれない。こういった場合には、学校の駐車場で学校関係者に話しかけるとか、オフィスで話をする前に校門で話しかけるといったより小さく分けた段階を付け加える必要がある。
　階層の項目は当然支援者のアセスメントを基にして作成されるが、両親や先生と一緒に綿密に仕上げ、微調整をすることが必要である。可能であれば両親、先生、それに子どもに尋ねて、階層のそれぞれの項目に対する不安や回避についての評価を追加するとよい（図3.2参照）。
　0「最も少ない」から10「最も多い」とした0から10の尺度を用いて、階層のそれぞれの項目についての子どもの不安や回避の程度の平均値を収集するとよい。そうすれば、各項目を組織化し優先順位を付けることができる。こうしたことが不可能であったり実行できないものであったりする場合は，両親や

話しかけをする場面	不安の評価	回避の評価
①すべてのクラスメイトや先生に対して大声で読むか「口頭での説明」に参加する	10	10
②質問をする、質問に答える、助けを求めるといったように教室で先生に話しかける	9	9
③少人数のグループ活動や適当な自由時間中に友だちに話しかける	8	9
④オースティンのクラスで先生とクラスメイト全員がいる前で学校関係者に話しかける	8	8
⑤オースティンのクラスで先生と10人のクラスメイトがいる前で学校関係者に話しかける	7	8
⑥オースティンのクラスで先生と5人のクラスメイトがいる前で学校関係者に話しかける	7	7
⑦オースティンのクラスで先生と2人の友だちが自分の机に向かって座っている場面で学校関係者へ話しかける	6	6
⑧クラスの隅のほうに2人の友だちがいる場面でオースティンの教室内で学校関係者へ話しかける	6	5
⑨他に誰もいないオースティンのクラス内で学校関係者へ話しかける	4	4
⑩職員室で学校関係者へ話しかける	3	4
⑪公の場で食べ物を注文したり、目的地の方角や時間を尋ねたりするといった形で店員やウェイターへ話しかける	4	3
⑫公の場で家族のメンバーがいない場面で学校関係者へ話しかける	3	3
⑬公の場で家族のメンバーがいる場面で学校関係者へ話しかける	3	2
⑭家庭で学校関係者と面と向かって話す	2	2
⑮家庭で学校関係者と電話で話す	1	1

図3.2　オースティンの話す行動についての階層の見本

先生と話し合い、階層項目を「最も容易である」から「最も困難である」とした一般的な形のものをつくる。いくつかのケースでは、特定の子どものための階層の見本を作り、両親へ提示して検討するとよいだろう。そうすれば、オースティンの階層を基本的なテンプレートとして役立てることができるであろう。

　オースティンの階層の場合にはまた、それぞれの項目内に発話の段階、つまり「単に口を動かす」から「ささやく」「優しい声で話す」「大きな声で話す」といった発話の状況を組み入れることできる。たとえば、子どもの家庭で支援

	より困難である
①学校関係者にすべての言葉を大きな声ではっきりと話す	↑
②学校関係者にほとんどの言葉を大きな声ではっきりと話す	↑
③学校関係者に１つか２つの言葉を大きな声ではっきりと話す	↑
④学校関係者にすべての言葉を小声で話す	↑
⑤学校関係者にほとんどの言葉を小声で話す	↑
⑥学校関係者に１つか２つの言葉を小声で話す	↑
⑦学校関係者にすべての言葉をささやき声で話す	↑
⑧学校関係者にほとんどの言葉をささやき声で話す	↑
⑨学校関係者に１つか２つの言葉をささやき声で話す	↑
⑩学校関係者がいる時他の者にささやき声で話す	↑
⑪うなったり、かん高い声を出したり、「はい」の代わりに「あぁ」、「いいえ」の代わりに「うーむ」といった不完全な言葉を用いたりして、言葉ではなく音声で伝えようとする	
⑫言葉ではあるが、「やあ」や「どうぞ」といった語句で伝えようとする	↑
⑬言葉や語句を使わないで伝えようとする（たとえば、空中に言葉を書いたり、指さしたり、身振りなど）伝えようとする	↑
⑭紙に書いたり、描いたりして伝えようとする	↑
	より困難でない

図3.3　家庭場面でオースティンが学校関係者に話すための階層の見本

者に話しかけるという場面の項目を考えてみよう。この場合には、最初の話しかけでは、単に言葉を伝えようとして口を動かすだけでもよいだろう。次のセッションでは、支援者に対してささやき声で話をするようにさせるとか、最小限の声で他の人に話すようにさせるということも含める。セッションが繰り返される度に、前回よりもより大きな期待が彼にかけられることになる。つまり、最初オースティンは恐らく一言か二言だけ支援者の耳に小さな声でささやくように求められ、その後段々とより多くの言葉や２～３の文で話すよう求められるようになる。さらにその後、支援者に対して小さな声で話しかけたり、最終的には両親やきょうだいに話しているように大きな声でもっと頻繁に話したりすることが求められる。この項目に関する階層の一例が図3.3である。

　実施前にすべての当事者がこの階層に同意していることを確認する必要がある。両親と先生はこの階層がどのようなものであるかということを十分に認識

し、エクスポージャー法に基づく実践がどのような形で行なわれるかということに同意していていなければならない。子どもたちは自身のことについて、説明されたりそのことを理解したりする必要はないが、階層について認識させることはできるであろう。また、階層は流動的なもので、介入が進むにつれて変化するということも心に留めておくとよい。

　支援者は、①前に述べたようなより小さな段階のものを階層に付け加えたり、②子どもがどのように反応しているかということや、家族の変化やその他の変化が生じているかということに基づいて階層を変更したり、③子どもが望ましいかたちで成長しているのであれば段階を飛ばしたりすることが可能である。後者に関しては、子どもの中にはエクスポージャー法に基づく実践に素早く反応する者もいるので、階層のすべてを実践する必要がないこともある。

　階層が作成されそれを誰しもが容認した段階で、次の適切な課題となるのは子どもにリラックスすることを教えることである。次にリラクセーションと呼吸法の練習について述べてみよう。こうしたリラクセーションの練習は、支援者が場面緘黙の子どもとの信頼関係を築くのに役立ってくれる良い方法である。この技法は子どもが言葉を使わなくても可能であるし、支援者や子どもがお互いをより良く知り合えるようにさせてくれるだろう。

呼吸法とリラクセーション・トレーニング

　すでに述べたとおり、場面緘黙や話すことを嫌がる子どもたちの多くは、軽減されることが必要な身体的な不安の様々な側面を有している。こうした身体的な感覚がしばしば話すことができないというような苦痛の思いや回避行動を引き起こしているので、子どもが身体的な不安感をコントロールする上で手を貸す必要がある。子どもが身体的な感覚をコントロールすることを援助する方法としてはいろいろなものがあるが、最も実行可能で便利な、しかも短時間で効果がある方法だけをここではとり上げてみたい。特に次に挙げる2つの方法は、呼吸をコントロールし、連続的に筋肉をリラクセーションさせるものである。

呼吸法

　子どもたちの気の重さに伴う体調不良の緩和を助ける端的な方法は、正確な呼吸法を教えることである。多くの子どもは「上がる」と、呼吸が早くなり、また浅くなって、過呼吸気味になる。実際にそんなふうにすると、不安は一層募るので、子どもの呼吸を元に戻すことが重要になる。まず子どもに楽な姿勢で腰掛けるように言う。そして、鼻からゆっくり息を吸うように言う（口は閉じたまま）。それから、ゆっくり口から息を吐くように言う。子どもが「鼻から息を吸う」ことと、「口から息を吐く」ことをうまくできれば、今度は横隔膜（ちょうど腹と胸・胸郭の真下の部位）を上げ下げするように、より深く呼吸をするように言う。この呼吸をした際に、空気でお腹が一杯に膨らんでいるという感覚をつかめるように2本の指を押し当てる必要があるかもしれない。そして、ゆっくり口から息を吐くのである。家庭では、両親が子どもに付き合って、一緒に練習を行なうようにしてもよい。

　オースティンのような年少児の場合、呼吸法を練習する際にイメージを喚起することもできる。たとえば彼に、タイヤが膨らんでいく様子をイメージさせ、だんだんとそれが大きくなる様子をまねさせて、漂う気球のように振る舞ってもらうのである。オースティンが息を吸い込む時には、燃料やエネルギー源が満たされていく様子をイメージさせればよい。一方、息を吐き出す時には、燃料やエネルギー源を使い果たして（あるいは張り詰めていた緊張の糸が解きほぐれて）しまった様子をイメージさせればよいだろう。そのようにすれば、子どもは肺が空気で満たされた後、それを一気にはき出した時に、リラックス（身体的な解放感）を体験できる。いったんリラックスを体験すると、緊張状態とは異なる感覚がどういうものかを理解できるようになる。以下に示す「呼吸法」を進める手順が効果的かもしれない（Kearney & Albano, 2007）。

　自分が「熱気球」になった様子を想像してください。空気を吸い込むと、だんだんとその空気で気球が一杯になる。そうすると、どこへでも好きなところに飛んで行くことができます。このように（手本を見せながら）鼻から息を吸ってください。ゆっくりと深く吸い込んでください。気球を空気で一杯にしましょう。そうしたら、今度は気球か

らだんだん空気が抜けていくように、口からゆっくりと空気を吐き出してください。心の中でゆっくりと数を数えてみましょう。１、２、３、４、５……。もう一度最初からやってみましょう（この一連の練習を３回くらいは繰り返す）。

　呼吸法の大きな特徴は、容易で、簡潔で、どこででもできるということである。子どもはいろいろなストレスを感じる場面でこの方法を用いることができるし、いつも他の人に注目されることもなく用いることができる。この呼吸法を１回に数分間、１日に３回以上練習させるとよい。さらに、学校に登校する前の、朝の支度の時間帯や学校で強いストレスを感じる場面で実践するように言う。中には、人前で何かする時や誰かに話しかけなければならない時に、この方法を練習することでうまくいく子どもがいる。たとえば、教会での奉仕活動前とか奉仕活動中にこの呼吸法を用いることもできるであろう。

筋弛緩

　気の重さからくるイヤな身体感覚を取り除くには、「呼吸法」の他に漸次的筋弛緩（PMR: progressive muscle relaxation）がある。オースティンのような幼い子どもの場合は、身体の様々な部分が緊張ですっかり固くなってしまう。特に、肩や顔、おなかに不快感が現れる。筋弛緩は、様々な方法で行なうことができるが、よく行なわれる手法は緊張弛緩法（tension-release method）である。この方法の中で子どもは、身体を緊張させ、それを保持し、それから特定の筋群を解放する。たとえば、子どもは最初拳を丸める。次にできるだけ強く拳を握りしめ、10秒間それを保持する。それからパッと掌を開く（試してほしい）。連続して２〜３回行なうと、人はたいていリラックスとともに暖かさを感じると報告する。

　緊張弛緩法による筋弛緩は様々な形で行なわれる。子どもと一緒に取り組む場合は、リラクセーションの台本（relaxation script）を用いて、より広範囲の筋弛緩を試みる。まず子どもに楽な姿勢で椅子に腰掛けてもらい、目を閉じてもらう。それからリラクセーションの台本をゆっくり読み上げ、子どもに台本どおりに試してもらう。読者にも以下の台本を試みるように勧めたい（以下の台

本は、Ollendick & Cerny, 1981から抜粋)。

［掌の弛緩］
　（ゆっくりと低い声で言う）では、椅子に腰掛け、リラックスしてみましょう。目を閉じて。身体はだらんとして、力を抜いてください。ぬれたタオルのように。右手をギュッと握ってみましょう。できるだけ硬く。ギュッと強く（5秒から10秒待つ）。パッと開いてください。よくできました。もう一度最初からやってみましょう。右手をできるだけ硬く握って。そのまま（5秒から10秒待つ）。パッと開いてください。どんな感じがしますか。気持ちがいいし、暖かいし、ゆったりした感じがするでしょう。今度は左手です。できるだけ硬く握ってください。ギュッと（5秒から10秒待つ）。パッと開いてください。いいですよ。もう一度やってみましょう。左手をできるだけ硬く握りしめてください。そのままにして（5秒から10秒待つ）。パッと開いて。今どんな感じですか。気持ちいいし、暖かいし、ゆったりした感じがしますね。

［肩の弛緩］
　今度は肩です。キュッとすくめてください。肩を耳のあたりまで押し上げてみましょう。肩のところを硬くしてください。その位置で止めてみて（5秒から10秒待つ）。パッと力を抜いてください。よくできました。もう一度やってみましょう。肩をキュッとすくめて、耳のあたりまで引き上げてみましょう。もっともっと力を入れてください。そのまま止めて（5秒から10秒待つ）。パッと力を抜いてください。うまいですね。

［表情筋の弛緩］
　今度は顔をくしゃくしゃに縮めてください。顔を小さく硬くしてください。そのままでいてください（5秒から10秒待つ）。今度は顔を緩めてください。よくできました。もう一度やってみましょう。顔をできるだけくしゃくしゃに縮めて。小さく硬くしてください。そのまま止めて（5秒から10秒待つ）。今度は顔を緩めてください。とても上手です。

［歯・口・噛み合わせの弛緩］

今度は上の歯と下の歯で強く噛みしめてください。顎のところをギュッと硬くしてください。そのまま止めて（5秒から10秒待つ）。では、顎のところが開くように緩めてください。どんな感じですか。よろしい。もう一度やってみましょう。ギュッと歯を食いしばってください。顎のところを硬くして。そのままでいてください（5秒から10秒待つ）。顎のところを開くように緩めてください。できるだけ緩めて。いいですね。
［胃・内臓平滑筋の弛緩］
　今度はおなかです。おなかをできるだけ前に持ってくるようにしてください。できるだけ硬くしてください。背中と反対に動かすように。少しそのままでいてください（5秒から10秒待つ）。パッと緩めて。いい気持ちですね。もう一度やってみましょう。できるだけおなかを前のほうに持ってくるようにしてください。そして、ギュッと硬くしてください。そのまま止めて（5秒から10秒待つ）。パッと緩めてください。よくできました。
［膝部位の弛緩］
　では、もう一つやってみましょう。両足を床に強く押しつけてください。脚のところがしっかり硬くなるように。硬く押してください。そのままでいてください（5秒から10秒待つ）。今度は膝のところを緩めてください。小さく揺らしてみましょう。もう一度です。床を強く踏みしめてください。膝に力が入るように。少しそのままでいてください（5秒から10秒待つ）。今度は緩めましょう。少しブラブラ足を揺すりましょう。よくできました。
［全身の弛緩］
　今度は全身をやってみましょう。まず全身をだらんとしてください。ぬれたタオルみたいに。全身の力を抜いてリラックスすると、良い気持ちですね。とてもうまくリラックスできましたね。もう、目を開けていいですよ。

　子どもがやってみようと思った時に自分でできるように、この台本に沿った言葉かけを録音しておくとよいかもしれない。支援者が介入を始める最初の間

は最低1日に2回、慣れてきて一人でできるようになった場合は、1日に1回か2回行なうのがよい。また、子どもが最も辛いと感じた時に、この方法を行なってみることもできるし、オースティンの場合は学校や家庭で支援者と話す時にもこの緊張弛緩法をやってみることができる。この考えは、子どもがより一層快適に話せると思えるように、不安の感覚をくつろいだ感覚に置き換えることなのである。

リラクセーション・トレーニングの他の方法

時間的な制約がある場合は、不安の階層を作成した直後に、リラクセーションの技法を子どもに教えたいと思うことがあるであろう（前節参照）。また、子どもが呼吸法や筋弛緩のうちのどちらか一方か両方をすぐできるように、一度に教えたいと思うこともあるかもしれない。子どもたちの中には一方の方法が他方よりも好きだという者がいるかもしれないが、重要なことは子どもが実践してみることでできるだけ早くその技法を使えるようになることである。

時間が非常に制約されている場合は、呼吸法や部分的な筋弛緩を用いるのがよいであろう。部分的な筋弛緩の場合は、特に硬くなっている1、2ヵ所を選び、その部位にだけ緊張を緩和する方法を用いる。たとえばオースティンの場合は、話すように言われた時に肩や胃に最も大きな緊張を感じているので、この2つの部位にだけ集中することが望ましい。

非常に短時間しかない場合は、市販されている呼吸法やリラクセーションのテープを用いることもできる。またこれは、子どもが学校で特に悩んでいるということが分かった時などに、リラクセーションの練習を行なわせるのに役立つだろう。たとえば、授業の直前に支援者のオフィスで子どもにリラックスさせることもできるであろうし、また不安を抱えている子どものリラクセーションに別の先生の助力を必要とすることもあるだろう。

家庭訪問とエクスポージャー法に基づく実践

階層をつくって子どものリラクセーションの練習を手助けするようになると、エクスポージャー法に基づく実践の中核的な部分が開始されることにな

る。初期段階のエクスポージャー法の大部分は家庭内で行なわれるが、この一連の練習過程を容易にするための予備的な方法がいくつかあるかもしれない。すでに述べたように、場面緘黙や話すことを嫌がる子どもたちであっても、対面の場でない限りは、他者とのコミュニケーションも可能である。支援者はこういった場面がどうであるかということについて評価する必要があるが、一般的な例としては次のようになる。

- 電話で話をする
- 他者との間にドアや何か障害物がある場合に人と話をする
- 駐車場など、離れたところにいる人に話をする
- 他者との会話にEメールやビデオを用いる
- Eメールや手紙など、音声によらない方法で連絡をとり合う

　オースティンの場合、定めた階層の最初の項目が家庭から電話で学校関係者に話しかけることであったということを思い出してほしい。学校関係者が電話でオースティンと話す場合は、週末とか夕食後といったように彼がもっともくつろいでいる時間帯に合わせて時間を調整することもできたであろうし、また会話内容として現在の学校での出来事やペット、夕食、遊びといった軽い話題に合わせることもできたであろう。こういった会話は長くする必要もないので、2～3分程度でよい。ただ、子どもとの話には時々賞賛や謝意を加えることが必要である。
　このようなエクスポージャー法は、子どもと信頼関係を築き、家庭におけるエクスポージャー法の次の段階設定を行なう上で非常に役立つ。こうした会話やコミュニケーションは家庭における会話への足掛かりとなる。たとえば、子どもに、電話で話題になった彼の犬について、家庭に訪問した時に見せてくれないかと頼むことができる。子どもは「イエス」「ノー」の質問に指さしたり、うなずいたり、首を振って肯定したりするであろうし、何らかの方法で犬とかかわりのある要求に応じるであろう。繰り返しになるが、ここでの主要な目的は、話すということの不安をより一層快適なレベルへと移し替えることで

ある。

　対面（生身）のエクスポージャー法に基づく実践の最初の段階は、たとえ子どもが最も快く感じ、かつなじみの人に対してであったとしても、子どもの自宅で行なうのがよい。60〜120分の範囲で支援のための適度な時間を両親と調整することが大切である。両親には、子どもの寝室や子どもや両親が最も居心地が良いと感じている自宅内のいずれかの場所で、対話が行なわれるということを知らせておくことが必要である。

　また、できれば週1〜2回の定期的な家庭訪問を行なうことである。子どもや家庭によっては、それほど忙しくない土曜日の朝とか他の時間が望ましいということがあるので、この問題ではこうした事情を考慮する必要がある。子どもを驚かさないように、支援者の訪問や子どもとかかわりをもつことについては支援者自身や両親を通じて十分に子どもに知らせておくとよい。また、家庭訪問の際の支援者とのやりとりは口頭で行なわないということを両親を通じて子どもに伝えておくことである。子どもがこれらを拒否する場合は、特別な代替案が必要となろう（第5章参照）。

　家庭訪問にかかわる困難としては、金銭的な問題、あるいは移動や安全性に関する問題、その他の行政上の問題などが絡んでくることがある。たしかに家庭訪問は望ましいが、地域や事情によってはそううまくいかないこともある。こうした場合には、地域や学校の場面でのエクスポージャー法に基づく実践（第4章参照）に重点を置く必要があるかもしれない。支援者が家庭訪問することができる場合には、以下の節を適用するとよい。

初期の家庭訪問

　初期の家庭訪問については、子どもにとってあまり堅苦しいものでなく気を遣わなくてもよいものにするべきである。子どもがすることをまねたり（たとえばブロックで何かを作る）、ゲームやお絵かきに誘ったりして単に子どもと遊ぶだけでよい。これまでの経験から言えば、ほとんどの子どもたちはこのようなことを喜んでしようとするが、中にはより多くの時間がかかったり、もっと支援者の忍耐を必要としたりする子どももいるかもしれない。このような場合に

は子どもが行なっていることを徐々に支援者に見せるように仕向けたり、指さしや身振りといった非言語的なコミュニケーション方法を用いるように励ましたりすることである。こうした非言語的なコミュニケーション方法は次第になくなっていくので、この時点では許容しても構わない。子どもと十分なアイコンタクトをはかり、笑顔で話をすることである。

　以前にオースティンのために作った階層の見本（図3.3参照）をもう一度見てみよう。初期の家庭訪問ではこの階層のより下位の項目に重点を置いていたが、これは紙に文字を書いたり、絵を描いたり、身振りで表したり、音声を発するが言葉を使わないでコミュニケーションをとるということだった。子どもとコミュニケーションをとろうとする場合には、一緒に遊びながら宙に言葉を書いたり（空書き）、指さしをしたり、身振りをしたり、その他の言葉を使わない方法を用いて始めることができる。子どもはすでに自分なりの方法でこうしたことをしているかもしれないので、微笑んだり、褒めたりするのは有効である。また、「こんにちは」「どうぞ」「バイバイ」といった言葉を口まねさせて、コミュニケーションをとるようにすることもできる。子どものためのこうしたモデルをつくるとよいかもしれない。

　子どもが不満をもらしたり、かん高い声をあげたり、不完全な言葉を発したりするといったような音声コミュニケーションに対してはすべて対応することが必要である。こうした発声行為は介入の後半にはなくなるだろうが、子どもの発声が上手でなくても、子どもなりにコミュニケーションをとろうとしている努力を褒めることは重要である。子どもを大声で笑わせるユーモアを用いたり、子どもにお気に入りの歌をハミングで歌わせたりすることなどもかなり有効である。この段階でこうした発声に規則正しく取り組むことは、その後の急速な発話につながるだろう。

　子どもとやりとりをする際に、支援者に対して子どもがどのように反応しているかということをよく観察することである。子どもは緊張しているだろうか、不快だろうか、リラックスしているだろうか、それとも無関心だろうか。もし子どもが緊張しているように見えるのであれば、（適用できる場合には）支援者が以前子どもに教えている呼吸法や筋弛緩をしてみるとよい。子どもには決

して強要するようなことがあってはならないが、ほとんどの子どもの場合喜んでそれに取り組むだろう。子どもが練習しているのを優しく褒めてやったり、笑顔を見せてやったりするとよい。子どもが一緒になって遊んでくれ、一緒に練習に参加してくれることに感謝の気持ちを忘れないことである。また、初期の家庭訪問のおそらく2～3回目くらいで、家に支援者がいることに子どもが慣れてくる。もはやその時点で大人は（子どもの家あるいは寝室のような）特に居心地の良い環境と結びついていることから、子どもにとって支援者は一緒にいて居心地の良さを感じさせる存在になるであろう。エクスポージャー法に基づく実践の目的が、コミュニケーションの緊張や不安の感覚をよりくつろいだ感覚に置き換えることであったことを忘れないでほしい。

　支援者はまた初期の家庭訪問の間に両親に対するフィードバックも必要であるかもしれない。たとえば、両親が支援者や子どもの周囲にいないようにするとか、きょうだいに静かにしてもらうとか、大きな物音をたてないようにするとか、遊びやお絵かきのための道具を与えてくれるようにお願いするといったことがあるかもしれない。両親が離れたところから観察を希望する場合は、のちのち彼らの子どもに対するかかわりにとって良いモデルになるので、ぜひかなえてほしい（第5章参照）。特に、批判したりお説教をしたりしないでどのように子どもに話しかけるか、落ち着いて話をするようにどのように勇気づけるか、そしてどのように話を適切に褒めるかということのモデルとなる。

　前にも述べたように、単に言葉を使わないで子どもとかかわるのに2～3回の家庭訪問をすることになるかもしれないが、このタイムラインは変えられないわけではない。子どもたちの中には（特に単に話すことを嫌がる子どもたちは）大人がいることにすぐに順応し、1回目の家庭訪問で大人に話しかけるかもしれない。その一方で、大人と一緒にいると快適に感じるのでより早く家庭訪問を希望する子どもたちもいるだろう。これは非常に良いことである。以前述べたように、場面緘黙の子どもたちに対する介入は数ヶ月間続くこともあるのである。

中期の家庭訪問

　自宅に支援者がいても子どもがあまり気にしなくなれば、発話の期待が徐々にもてるようになる。もう一度図3.3や中期の家庭訪問の大部分を占めている階層の4〜10の項目を見てもらいたい。こうした訪問の主要な目的は、子どもが言葉をささやいたり、支援者に対してゆっくり話し始めたりすることを援助することにある。ここで重要となるのが、第1章の最初で議論されたシェイピングやプロンプトである。シェイピングというのは、望ましい応答、つまりこの場合はより聞きとれるような大きな声に近づけていくことであったことを思い出してほしい。また、プロンプトというのは、子どもがコミュニケーションをとるためによりはっきりとそして大きな声で言葉を使用し、アイコンタクトを確かにし、そして継続的な発話を行なうように促すことであった。

　子どもと遊びやその他の方法でかかわりをもっている時は、言葉をささやこうとしているといったちょっとした反応があるかどうかということに注意を払うことである。そのようなささやきの場合は、最初は子どもに両親の耳にささやかせ、それを親が支援者に伝えるといったような控えめで間接的な形であってもよい。こうしたことはこの時点では構わないだろう。ただできれば、子どもに実際の会話をまねさせ、親に多くの情報を伝えさせることである。笑いや微笑み、あるいはユーモアを交えたりすることで会話に弾みをつけるとよい。

　子どもがこのプロセスに慣れてしまえば、子どもが支援者に対して直接会話をしようとするのを手伝う上でシェイピングとプロンプトが役立つ。この部分は少しばかり微妙なところであるかもしれない。支援者は子どもが直接ささやき始めることを期待しているが、どういった言葉を使うかは好きなようにしてよいということを子どもに伝えることを忘れないことである。この場合、耳に向かって小さくささやいたり、顔を横に向けてささやいたり、下を向いてささやいたりしても構わない。このプロセスが継続して子どもが居心地の良さを感じるくらいに慣れてくれば、支援者は徐々にアイコンタクトをとったり、微笑んだり、その他の社会的な態度もとったりすることができる。

　通常、ささやきを引き出そうとして行なうことの1つに、ゲームで遊んでいる時にわざと間違ったりする方法がある。たとえば、サイコロを必要とするゲ

ームをとり上げてみよう。支援者がサイコロをふって「5」を出し、それとは異なったコマ数を動かしてみるとよい（1とか9など、はっきりわかるように）。たいていの子どもたちはゲームのルールをよく知っているので、こうした誤りに戸惑いを見せるであろう。子どもが言葉を使わないでルール違反を伝えようとした場合、わざと「しらばっくれて」、子どもに何を言いたいのか口に出して言わせるようにする。この時点では、子どもに言葉を使わせ、最低でも自分が言いたいことを支援者にささやかせることが必要であることを忘れないでほしい。子どもたちの中には、すねた態度をとったり物を投げたりすることもあるが、その同意できない行動を消去し、何事もなかったかのようにゲームを続けるのである。ささやきや発話を引き出すのに使われるその他の方法をいくつか次に挙げておこう。

- ゲームの遊び方について子どもに確認する。子どもたちの多くはとてもよくゲームやそのルールを知っているし、それを得意としている。「はい」か「いいえ」の質問をし、この時点では口頭で「はい」か「いいえ」で答えるだけでよい。
- 特にペットやきょうだい、好きな食べ物、おもちゃ、遊び、テレビ番組というような子どもが最も話したがる話題に絞るとよい。
- 支援者との話し合いでどんなご褒美が欲しいかということを子どもに言わせる。ステッカーやキャンディーなど持っていって、口頭で言うことを条件としてどれが好きかということを子どもに言わせる。この時点では指さしだけというのは認めず、支援者に少なくともささやくようにさせることが必要である。それができなければご褒美が与えられないので、子どもは支援者の次の訪問までにもっと努力しようとするであろう。
- 人形を用いて直接支援者にではなく人形に向かって話をするように伝え、話をしたことを「人形」に褒めてもらう。最終的には、刺激物（人形）を排除して、支援者に対して子どもが直接話しかけるようにさせる。
- 子どもとの距離やアイコンタクトのとり方を変える。子どもたちの中には、支援者がそっぽを向いていたり、視線を下に向けたり、部屋の反対側

に座ったりすると、自分から話しかけやすいと思う者もいる。ゲームでサイコロを振る時にだけ話しかけるというのも１つのやり方である。ゲームが続けば、アイコンタクトをとる頻度も徐々に増えるだろう。
- 子どもが誤りを訂正したいと思っているかもしれないということを考えて、わざと誤りをしてみるという方法もある。たとえば、子どものきょうだいや愛犬の名前、子どもの好きな色やゲームを間違って言ったり、晴れているのに「雨が降っている」と言ったりする。
- 支援者が子どもの話を十分に聞きとれないのは、頭上に飛んでいる飛行機や別の部屋できょうだいが騒いでいるからだといった環境的な場面のせいにする方法がある。このような場合、聞きとれない原因が環境側に存在するため、子どもを責めずに済むし、より大声でもう一度話してもらうよう促すこともできる。

後期の家庭訪問

　後期の家庭訪問の目的となるのは、階層の最も上にある項目である（もう一度図3.3を見るとよい）。後期の家庭訪問では、初めは１つの言葉、続いていくつかの言葉、そしてすべての言葉をはっきりとしかも聞きとれるような大きな声で話すことが要求される。後期の訪問の目的は、支援者と子どもが積極的に、広範に、しかもはっきりとした大きな声で会話ができるようになることである。また、こうした会話が子どもにとって極めて心地よいものであることが必要である。この時点で子どもと自由に会話することができれば、公の場や学校のような一層困難な場面において大声で話をするきっかけとなるであろう。

　幼い子ども、たとえば５歳児との会話の場合は極めて簡単なものでなければならない。その子どもが支援者に対して絵を描いて何かについて語ろうとする場合は、それはそれで素晴らしいことである。ただ会話が支援者に対する子どものかかわりになる場合、会話を支援者が独占してはならない。子どもによる会話の始発を言葉や物で強化する場合は、リラクセーションや呼吸法を継続するとよい。また、どのように発話が促されるのかということについて、両親のためにモデルをつくるということも続けるとよい（第５章参照）。

後期の家庭訪問は地域や学校場面でのエクスポージャー法（第4章参照）のための段階的移行が必要である。家庭への訪問を行なっている間に、支援者は子どもと両親にショッピングモールやレストランに行ったり、学校で職員に話しかけたりするような階層の次の段階について気づかせるべきである。そしてまた、このように徐々に手順を踏み、その実行には新しいスキル（たとえば、不安のコントロール、社会的な交渉、聞きとれる大きさの声を用いることなど）を習得しなければならないという注意を与える。子どもはこうした手順どおりのことがらを行なうにつれて、きっと支援者が家庭訪問をしている間に努力することへの自信を見せるようになる。

本章のまとめと次章の紹介

　本章は、場面緘黙や話すことを嫌がる子どもへの対応を行なう際に、必要となるであろう最初の介入段階に焦点を当てた。次の第4章では、家庭以外の場面で子どもが話をすることができるようになるための様々な方法を紹介する。それは、ショッピングモールやレストランといった地域社会の環境とか、クラスや運動場といった学校環境である。また、子どもと支援者が上記のような場面で課題をクリアするにつれて新たな支援スキルが実践されることになるが、こうしたスキルとしてはセルフモデリング、刺激フェイディング法、ソーシャルスキル・トレーニングといったものを挙げる。

第4章 地域や学校場面での エクスポージャー法に基づく実践

　アヴェリーは7歳になる女の子である。小学2年生になってから3ヵ月経っても依然として学校では話をしようとしない。彼女は小学1年生となった当初から今の学校に通っているが、クラスメイトや先生に対しても話をしない。両親によれば家庭でははっきりとした声で上手に話をしているし、内気ではあるが普通の子どもと変わらないのだという。しかし、公の場となると極端に話さなくなるし、他の人たちは彼女が話をしても声が小さくて何を言っているのかよく理解できないという。これまでアヴェリーの両親は介入について難色を示していたが、今では娘がうまく話せないことが学校や地域社会での行動のつまずきの元になっているということを認めている。彼女に対するアセスメントの結果、アヴェリー自身にも社会不安があると評価されることへの心配や嫌悪感が見られるとされた。運動場ではクラスメイトと言葉を用いずにやりとりを行なっているが、そうした遊びも今では一層複雑になっており、どうしても話すことが必要な場面が出てきている。そのため、アヴェリーはこの数週間で一層社会的に引きこもるようになった。

　第3章では、アヴェリーのような不安に基づく場面緘黙や話をすることを嫌がる子どもたちの場合、彼らに対するその鍵となる介入方法がエクスポージャー法に基づく実践であったということを思い起こしてほしい。エクスポージャー法に基づく実践というのは、少しずつではあるものの、より困難や不安を招くような状況において子どもに言葉を発するように仕向ける一連のテクニックである。エクスポージャー法に基づく実践では、しばしばリラクセーション・トレーニングや階層の作成を行なうことで、発話の頻度を増やしたり、聞きとれるような声での発話を促したりする（第1章と第3章参照）。

　本章では、地域や学校場面でのエクスポージャー法に基づく実践により多く

焦点を当てている。支援者が家庭訪問をしてエクスポージャー法による実践が可能となれば（第3章参照）、おそらく子どもとの間に信頼関係や発話の基盤も築くことができるであろう。そうでない場合は、地域社会でのエクスポージャー法に基づいた実践を行なってみるとよい。地域場面としては、ショッピングモールやレストラン、公園、教会のイベント、娯楽施設などが含まれる。

　もし家庭でのエクスポージャー法に基づく実践が可能となれば、当然次の段階として本章で述べられている手順をとることになろう。エクスポージャー法に基づく実践ができない場合は、子どもが心地よさを感じるような支援者のオフィスや地域社会で度々会って信頼関係を築くようにするとよい。第3章で述べられているリラクセーション・トレーニング、階層の作成、電話、遊びに基づくエクスポージャーといった手順については修正を加え、オフィスで適用できるようなものにすることができよう。オフィスで対話を行なう目的は、発話の頻度を増やしたり聞きとれるような大きな声で話すようにさせたりしながら、子どもに支援者との対話を快適なものに思わせ、リラックスすることを学ばせ、発話の不安をより楽な気持ちに切り替えさせることにある。おそらくこうした対話は、地域社会におけるエクスポージャー法に基づく実践についても同じように設定することができよう。

　本章では、地域社会や学校を基盤とするエクスポージャー法のための階層の進展、以上の場面におけるエクスポージャー法の実践、それにセルフモデリングや刺激フェイディング法といった関連技法について概観する。また、エクスポージャー法に基づく実践と関連して用いられる方法についても検討することにするが、こうした方法にはソーシャルスキル・トレーニングや認知的介入が含まれる。まずは、本章の主題となるアヴェリーのケースを用いた階層の作成から始めてみよう。

階層の作成

　階層は、「最も不安を喚起しない」から「最も不安を喚起する」、あるいは「最も困難でない」から「最も困難である」といった発話に関連した一連の状況を示したもので構成されていることを思い出してほしい。エクスポージャ

発話の状況	不安の評価	回避の評価
①公の場で見知らぬ人に時間や道を尋ねる	10	10
②2〜3の文を用いてウェイターや店員に食べたい物を注文する	9	9
③日曜学校の授業で質問に答える	8	9
④サッカーの練習、誕生日パーティー、社会的なイベントなどで(まだ仲間にはなっていない)何人かの友だちになる可能性のある者に話しかける	8	8
⑤サッカーの練習、誕生日パーティー、社会的なイベントなどで(まだ仲間にはなっていない)1人の友だちになる可能性のある者に話しかける	7	8
⑥教会で他の人々(知人や見知らぬ人)に挨拶する	7	7
⑦公園で(まだ仲間にはなっていない)何人かの友だちになる可能性のある者に話しかける	6	6
⑧1つの言葉を使って店員にアイスクリームを注文する	6	5
⑨サッカーの練習、誕生日パーティー、社会的なイベントなどで友だちに話しかける	4	4
⑩ショッピングモールで両親やきょうだいに話しかける	4	3
⑪教会で両親やきょうだいに話しかける	3	3
⑫公園で近所の友だちに話しかける	3	2
⑬車道で近所の友だちに話しかける	2	2
⑭商店街のような公の場で両親に話しかける	2	2
⑮家の玄関口や電話口で応対する(返事をする)	1	1

＊項目については、口を動かす、ひそひそ声で話す、小さな声で話す、通常の声で話すといった声のレベルに分けてもよいし、必要があれば順序を変えたり、付け加えたり、分けたりすることもできる。

図4.1 地域社会でのアヴェリーの発話についてのサンプル階層

法に基づく実践をしている間でも様々な階層を作成することができるし、口を動かす(発声がない)、ささやく、小さい声で話す、通常の声で話すといった発話のレベルも盛り込むことがきる。第3章では、オースティンのためのいろいろな場面を盛り込んだ階層や、家庭内でのいろいろな発話への期待に焦点を当てた階層の設計を行なったことを思い起こしてみるとよい。

アヴェリーの場合も同じ手法を用いることができる。地域社会と学校場面に焦点を当てたいので、階層は2つ用意する方が望ましいであろう。第1の階層には公の場を用意する(図4.1参照)。両親の評価では、彼らがよく行く場所でもアヴェリーは話ができないとなっているのであるが、こうした場所には両親

やきょうだい、仲間、家族の友だち、店員などとの対話が期待されるレストラン、公園、ショッピングモール、誕生日パーティー、教会といった場所も含めるようにする。このような公の場やそうした状況で行なわれるいろいろな発話レベルを組み合わせることができれば素晴らしい階層ができるであろう。

　図4.1では、家で電話に応える、公の場で両親やきょうだいへと話しかける、車道や近所の公園のような慣れた場所でよく知っている友だちに話しかけるといったことなどが、階層の下位の項目に挙げられているのが分かるであろう。限られた言葉を用いた発話、またはあまり快適に感じない教会のような場での他者との会話などが、階層の中くらいの項目として挙げられている。より多くの単語（文章）を使う、より自主的に他者に話しかける、さらには見知らぬ人に話しかけるといったより難しい課題が、階層の上位に配置されている。いずれの項目についても必要であれば分けることもできるであろう。たとえば、アヴェリーはウェイターに食べ物の注文する際、最初は複数の文ではなく1文しか用いないかもしれないが、最終的に階層の項目（たとえば、2～3の文を使用する）を完全に達成しているのであれば十分許容することができるであろう。

　第2の階層は学校場面を含め、第3章でオースティンのために作成した階層を基にしていくらか追加する（図4.2参照）。リストの中位と上位（項目1～9）に見られる教室場面でのエクスポージャー法については同じである。つまり、場面緘黙や話すことを嫌がる子どもに話しかける場合は、こうした階層の段階は不可欠である。リストの下位に挙げられている階層の段階（項目10～15）は、新たに付け加えられたものであり、アヴェリーに特有のものである。

　場面緘黙児の多くは、最初は支援者のオフィスやクラスの外のような場面で、比較的静かで慣れた環境であれば進んで話そうとする。子どもにとってクラスは不安を掻きたてる場所になっていると考えられるので、エクスポージャー法を始める場合はクラスという場から離れて行なうことをお勧めしたい。つまり、運動場や周りに誰もいないようなあまり子どもを不安にさせない状況でエクスポージャー法を始めることである。このような状況で子どもが一度安心だと感じるようになれば、クラスでも比較的容易に行なうことができるし、子

第4章　地域や学校場面でのエクスポージャー法に基づく実践　91

話す状況	不安の評価	回避の評価
①クラスメイト全員に向けて大きな声で読む、あるいは資料を示しながら発表を行なう	10	10
②クラスで先生に質問する、先生の質問に答える、または先生に援助を求める	9	9
③少人数での集団活動あるいは自由時間中にクラスメイトに話しかける	8	9
④アヴェリーのクラスにおいて先生とクラスメイト全員がいる場面で誰かにに話しかける	8	8
⑤アヴェリーのクラスにおいて先生と10人のクラスメイトがいる場面で誰かに話しかける	7	8
⑥アヴェリーのクラスにおいて先生と5人のクラスメイトがいる場面で誰かに話しかける	7	7
⑦アヴェリーのクラスにおいて2人の友だちと先生が自分の机に向かっている場面で誰かに話しかける	6	6
⑧アヴェリーのクラスにおいて部屋の向かい側に2人の友だちがいる場面で誰かに話しかける	5	5
⑨誰もいないアヴェリーのクラスで話しかける	4	4
⑩他者がいるカフェテリアで話しかける	4	3
⑪誰もいないカフェテリアで話しかける	3	3
⑫他者がいる図書館で話しかける	3	2
⑬誰もいない図書館で話しかける	2	2
⑭学校関係者の職員室で話しかける	2	2
⑮学校の運動場で誰かに話しかける	1	1

図4.2　学校場面でのアヴェリーの発話のためのサンプル階層

どもが話すようになるにつれて少しずつ他者の人数を増やすことも可能になるであろう。図4.2のサンプル階層は子どもに特有な多くの項目を組み込んだ一般的な例であるが、支援者の評価に応じて必要な項目を自由に付け加えることもできる。

　子どもたちの中には、音声言語の使用ができるようになる前に、同級生や先生との言葉によらないコミュニケーションの練習が必要である子どもたちも含まれているという点に注意したい。たとえば、一部の子どもたちは、話すことをプロンプトする前に、友だちと一緒に課題を完成させたり、先生の問いに対して指さしや身振りで答えさせたり、黒板に書かせり、全体授業の前に何か他

の課題を行なわせたりしたほうがよいかもしれない。それ以外の子どもたちもこれらの非言語的な活動を行なっているので、エクスポージャー法を早く実施できる。アヴェリーの場合は同級生と音声言語を用いずにやりとりを行なっていたのであるが、いくらか社会的引きこもりの症状を見せ始めていたので、少なくとも音声言語を使わない形で同級生ともう一度かかわることがこの時点は望ましいことかもしれない。

　図4.1と図4.2における階層では、1つないしそれ以上の原因から生じる不安や回避の評価が含まれていることに留意したい。もし子どもがこういった項目のランク付けをすることができるのだとすれば、こうしたランク付けを両親や先生、支援者などから得た他の評価やランク付けと一緒に考えるべきである。年少の子どもについてはよくあることであるが、子どもがこうした項目のランク付けができない場合には、他者の報告に頼るか支援者自身で評価データに基づいてランク付けをすることが必要である。場合によっては支援者自身で階層を作成し、それを両親に提示して検討してもらうことになるだろう。また、支援者が頼りとする評価データがほとんどなかったりした場合は、介入のための一般的な例としてここに提示された階層を用いることもできるであろう。

　すでに述べたとおり、声の大きさについては、小階層を作ることもできる。図4.1や図4.2の階層のそれぞれの段階については、口を動かす、ひそひそ声で話す、小さな声で話す、通常の声で話すといった点に焦点を当て段階に分けることができる。階層自体は流動的なものであり、エクスポージャー法に基づく実践の最中にもしばしば変化する。ある段階に留まってかなりの実践を必要とする子どもたちもいれば、短時間でいくつもの階層項目を容易に進む子どもたちもいる。支援者がエクスポージャー法に基づく実践を行なう際にはそのアプローチは柔軟であることが必要であり、予定していた時間の流れが意外な形で変わることがあるであろう。

地域社会でのエクスポージャー法に基づく実践

　地域社会でのエクスポージャー法に基づく実践は、第3章で紹介している家庭場面でのエクスポージャー法の流れを受け継ぐものであるといえよう。つま

り、地域社会でのエクスポージャー法には、スーパーヴィジョン、子どもとのやりとり、ラポート*の深まり、徐々により困難になる状況での発話へのプロンプティング法、リラクセーションや呼吸法の継続訓練といったことが含まれている。支援者は両親や子どもと一緒になって、地域社会でのエクスポージャー法に基づく実践の理論的根拠について話し合うことが必要である。その目的は、こうした地域場面で子どもがより快適に感じるようにすることであり、徐々に困難の少ない場面からより困難な場面での発話回数を増やして、聞きとれる声の大きさで話すようにするのを手助けすることである。また、この地域社会でのエクスポージャー法は、後に述べられているより困難を伴う学校場面でのエクスポージャー法としても役立てることができるであろう。

初期の地域社会でのエクスポージャー法

　支援者が行なう地域社会での初期のエクスポージャー法については、子どもの自宅からかなり近い場所で行なわれることが必要である。子どもはこの時点で自宅内において支援者と話すことについては快適だと感じているので、最初の段階としては自宅の外で子どもに話をさせることがよいだろう。たとえば、裏庭、中庭、車道、あるいは表玄関から2～3歩離れた場所といったところである。たいていの子どもの場合は、容易にこうした変更を行なうことができるが、支援者は発話頻度や声の大きさについて援助したり、第3章で紹介している方略（たとえば、距離やアイコンタクト変えたり、知っていることを間違えたり、聞きとりができないことを周りの騒音のせいにしたりする方略）を用いたりする必要があるかもしれない。近所での出来事や子どもが普段行なっていること、それにどんな人と付き合っているか（たとえば、近所の友だちなど）といったちょっとした話題で、子どもとの会話を続けるようにするとよいであろう。

　こうした会話とともに、時には階層のより簡単な段階である戸口の訪問者や電話への応答を子どもにさせる。この時点で支援者は子どもと親密な関係にな

［訳者註］
＊ラポート：指導場面における、子どもと指導者間の親和性や相互信頼的な関係性を意味する。

っているので、電話をかけて子どもとおしゃべりをしたり、玄関の戸口で呼び鈴を鳴らし、挨拶をするなどしたりして、子どもが電話や玄関で話をした事実やその声の大きさやアイコンタクトといったような行動についてフィードバックするとよい。子どもが慣れてきて容易にできるようになるまでこういった課題を確実に実行することが大切である。不安を防ぐ適切な方法としては、子どもにリラクセーションや呼吸法（第3章参照）を実践させるとよい。

　地域社会でのエクスポージャー法の次の段階は、子どもの階層の各項目に計画的に取り組むことである。再度、図4.1を見てもらいたい。階層の最初の段階には通常両親のように子どもがよく知っている人に話しかけるということがあるが、地元のスーパーといったように普段子どもが話をしないような場所も含まれている。次にくるエクスポージャー法は、両親や子どもに加えて、友だちとかその他の同級生にも協力してもらってやることになるのでいくらか構造化されることになろう。ただ、このことはスケジュールを立てる点で労力を要するので、普段の出来事を利用するとよい。たとえば両親が土曜の午後買い物をするのであれば、これは自然なかたちで発生するエクスポージャー法の絶好の機会である。

　アヴェリーの階層の項目14は、「商店街のような公の場で両親に話しかける」である。このエクスポージャー法については、皆からどういうことが期待されているかということについて両親や子どもに説明しなければならない。少なくとも親のうちの1人と子どもとがマーケットに行って、店で食料品を買う（子どもがよく知っている店を選ぶこと）。子どもは買い物をしている間に親に対して最低一言いうことが求められる。子どもが選ぶ言葉はどんなものでもあっても構わないし、最初のうちはささやき声であってもかろうじて聞きとれる程度の声であってもよい。また、子どもは普段の買い物の時間内に親に言葉を言わなくてはならないし、特別な時間延長は一切認められない。話すことができた場合は褒め言葉や具体的なご褒美によって強化し、うまく話すことができなかった場合は罰技法などで対応する（第5章参照）。エクスポージャー法の間は、子どもの発話に対してプロンプトがなされるが、こういった発話の正否に対する事後対応についても再認識させることになる。なお、リラクセーションや呼吸

法については必要に応じてとり入れるとよい。

　このエクスポージャー法については何度か実施することが必要であろうが、その多くは両親がその実施期間中に自身の宿題として行なう。したがって、支援者はエクスポージャー法を用いるすべての場面に居合わせる必要はない。子どもが言葉を1つ話すという基準を満たせば、この設定で話すことへの期待が大きくなる。たとえば、子どもは最終的にはマーケットで両親に対していくつかの言葉を聞きとれるように話したり、後にはいくつかの文章で話したりすることに期待がもてるだろう。両親は注意深く話された言葉数を追跡し（第2章の評価を参照）、その結果については確実に一貫した形で管理するようにすべきである（第5章参照）。

中期の地域社会でのエクスポージャー法

　エクスポージャー法は次の段階もこれまでと同様のやり方で行なうことができる。アヴェリーの場合は、自宅付近や近所の公園で、よく知っていて近くに住んでいる友だちに話しかけることになる。子どもたちの中にはエクスポージャー法の間、監視されることを好まない者もいるため（たとえば、支援者や親は見回ったりしない）、支援者や両親は数フィート（1フィートは約30cm）離れた場所から子どもたちの様子を見守るようにするとよい。ある場合には、支援者は自分が行なおうとしていることを友だちに話して、彼らに子どもが話すように促してもらうことの方が有益であるかもしれない。また、初めのうちは発話に対する期待はあまりできない（たとえば、一言だったりひそひそ声で話す程度だったりする）が、階層の次の項目に進むまでには最低2～3の文章を聞きとれる声で話すといったような進歩がなくてはならないだろう。

　こうしたエクスポージャー法が行なわれている間は、支援者（や両親）の態度は、冷静で、中立で、淡々としたものでなければならない。この時点で子どもたちの中には一層困難になったエクスポージャー法に尻込みしてしまう者もいるため、支援者は「君ならできるよ」とか、「やらなきゃならないことは分かってるね」とか、「自分の言葉で言おうね」といったようなちょっとした励ましの言葉を言ってやることである。妨害したり、言うことをきかなかった

り、反抗的な態度をとったりすることにはいちいち対応しないことである。話すことに失敗したり話すことを拒否したりした場合の結果について、子どもは十分承知しているはずなので（第5章参照）、子どもを批判したり、説教したり、叱りつけたり、否定的な口調で言ったりしないことが大切である。また、エクスポージャー法を実施している間は忍耐強く楽しくさせるように努め、子どもが話すことの日課を達成できるように繰り返しプロンプトすることである。場面緘黙児の多くは、1時間か2時間後には「根負けして」、エクスポージャー法の間にその義務を果たすようになることもこれまでに分かってきている。

　アヴェリーの階層における中間項目にはまた、より広範な場面（教会、ショッピングモール、サッカーの練習、誕生日パーティー）で、彼女がよく知っている人（両親、きょうだい、友だち）に話しかけることがとり上げられている。その目的は、様々な状況における発話を通じて自己効力感を獲得したり、適切に不安をコントロールしたり、話すことに対する賞賛や肯定的なフィードバックを受けたりすることである。必要であれば階層のうちのいくつかの項目をより小さい2～3の段階に分けてもよいし、彼女にどれくらい不安を感じているかということを語らせることもよい。また、不安を鎮めるために子どもにリラクセーションや呼吸法を行なわせるようにすることも大切である。

　階層の下位や中位の項目では、より難易度の高い地域社会でのエクスポージャー法の段階を設定している。先に進める前に子どもがこうした基準に達しているかどうかを確認する必要があるであろう。前にも述べたように、こうしたエクスポージャー法の期間としては数週間から数ヵ月間を必要とするが、子どもたちの中には早い上達を見せる者もいる。しかしながら、この中間の段階で十分な実践を経ずにあまり早く先に進めてしまうと、次に論議されているより一層難易度の高いエクスポージャー法での成功の機会を損なうことになってしまうだろう。

後期の地域社会でのエクスポージャー法
　地域社会での階層の上位項目には、より大きな自立性、あまり馴染みのない

第4章　地域や学校場面でのエクスポージャー法に基づく実践　97

人との話し合い、大勢の人の前で話をするといったことが挙げられる。もう一度図4.1のアヴェリーの階層を見ていただきたい。支援者がこういったより難易度の高いエクスポージャー法に取り組む場合、できる限り自然なかたちで実施する努力が必要である。つまり、細工をより少なくし（商店街の例）、通常子どもが1週間に出会うような状況の中で行なうことである。たとえば、教会にいつも行く家族であれば礼拝の前後に人々に会って挨拶をする。こうした人とのかかわりも子どもにとってのちょっとしたエクスポージャー法として役立つであろう。

　たとえば、子どもをアイスクリーム屋に連れて行った時に当然起こり得るエクスポージャー法のケースについて考えてみよう。この状況では、子どもは自分が欲しいと思うアイスクリームの種類を店員に伝えるために一言いうように求められる。たとえば、子どもは「コーン」とか、「カップ」とか、「チョコレート」とか、その他一般的な呼び方で言うことができよう。この段階で大人は子どもの言い方では不十分な部分を補うことができる。子どもに伝える重要なポイントは、言葉で言えばアイスクリームを手にすることができるが、言わなければ手にすることができないということである。したがって子どもが話せない場合、両親は子どもにアイスクリームを与えないということになるが、この種のエクスポージャー法は両親が支援者の指示に同意するということに対して確信がもてる場合にのみ推奨される。また、この種のエクスポージャー法ではしばしば反復が必要である。ほとんどの店員は辛抱強く子どもに発話させたいと思っているので、子どもがしゃべりやすいように配慮してくれる。

　階層のその他の困難な段階には、公園や誕生日パーティーでまだ知り合いではないが知り合いになる可能性があるあまりよく知らない人たちに話しかけることや、教会で会う大人に対する話しかけや挨拶が含まれる。子どもにはそうした人たちにどんな言葉や話し方をすればよいかということについて助言しておくことが必要である。ある子どもの場合は、最初のエクスポージャー法で単に「こんにちは」とか「はい」でよいだろうし、「はい／いいえ」で質問に答えさえすればよいこともあるだろう。ただ、子どもは、常に他者に対する話し方の選択肢をいくつかもつことで、いろいろな社会的な場面に対応する心構え

ができていることが必要である（本章の後半では「ソーシャルスキル・トレーニング」について紹介する）。

　アヴェリーの階層（図4.1）における最上位の項目や最も難易度の高い項目には、他者に接近するとか自発的に話しかけるといったように、より積極的な話しかけをするということが挙げられている。アヴェリーにとって有効なエクスポージャー法は日曜学校の授業時間での質問に答えることである。というのも、このことが彼女の通常の授業における後のエクスポージャー法を容易にさせるのに役立つであろうと思われるからである。この時点では、次に学校場面に基づく状況で起こるであろうことを少なくとも部分的にとり入れたエクスポージャー法の実施を強く推奨したい。例としては、他者との会話の開始、1つの言葉だけではなく文章による会話、そして多くの人の前で話をするといったことが挙げられる。

　地域場面での仕上げとなるエクスポージャー法は、子どもに見知らぬ人に近づかせ、時間や道を尋ねさせることである。もちろんこのことは支援者や両親の監視下でのみ行なわれる。ここでは、「すいません」と言い、アイコンタクトをはかり、時間や目的地をはっきりと聞きとれる声で尋ね、そしてその人物に情報をくれたことに対してお礼を言うことが必要である。支援者と両親は常にそうした状況での安全性を判断する必要もあるが、これまで見知らぬ人であってもそのほとんどが子どもの要求を喜んで受け入れてくれるということが分かっている（大学のキャンパスを勧めたい）。また、子どものこうした項目のそれぞれの成功が、次に述べている学校場面でのエクスポージャー法を非常に容易にさせるということも分かっている。

学校場面でのエクスポージャー法

　エクスポージャー法の最後の段階はしばしば最も困難を伴うが、これは学校場面という設定で行なわれる。すでに家庭や地域場面におけるエクスポージャー法の実施によって、おそらく学校場面での介入は実行しやすくなっているであろうが、管理運営面、論理面、法的な側面、安全面、そしてその他の制約上の理由で実施できないこともある。介入が学校レベルでのみ実施することがで

きるのであれば、子どもに筋弛緩や呼吸法（第3章参照）を教え、学校で話をするという状況の階層の作成を勧める。

特に学校が介入を始めなければならない場所であるならば、学校場面でのエクスポージャー法に基づく実践の前段階として役立つと思われるもう一つの技法となるのがセルフモデリングである。セルフモデリングでは、子どもが家庭のような快適な状況ではっきりとしかも上手に話している様子を録音や録画するように両親に依頼することがあると、第1章で紹介した。この記録は、学校にある支援者のオフィスのようなあまり話をしない場所で再生される。支援者が記録を再生する時には、明瞭さ、つまり彼女の声の大きさとか美しさに報酬を与えるために、それ相応の言語賞賛や物的なご褒美を与えるとよい。子どもは自分自身を適切でしかも十分大きな声で話をしているモデルとみなしている。この過程で目指しているのは、発話を強化し、不快感を和らげ、そして子どもに公の場で話しても一切不快な結果にはならないということを理解させることである。

子どもたちの中には初めセルフモデリングに抵抗する者もいるので、両親にも参加してもらったり、子どもを2、3メートル以上離れて座らせたり、癇癪などの誤った行動をとっていても無視したり、子どもとのアイコンタクトを避けたりすることが必要かもしれない。繰り返しセルフモデリングを行なうと時間の経過とともに抵抗感も和らぎ、支援者との間に信頼関係が生まれてくるであろうし、学校場面でのエクスポージャー法に基づく実践をしている間はセルフモデリングを続ける必要がある。セルフモデリングは、たとえば、クラスで子どもと初めてかかわりをもとうとする場合などでは優れた方法である。以下の節では、様々なレベルにおける学校場面でのエクスポージャー法に基づく実践のモデルケースを紹介してみよう。

初期の学校場面でのエクスポージャー法に基づく実践

初期の学校場面でのエクスポージャー法に基づく実践は、子どもに家庭外で他者のいるところで話したり、あるいは他者に話しかけたりすることを求める後期の地域社会でのエクスポージャー法を引き継いで行なう。しかしながら、

学校場面でのエクスポージャー法に基づく実践というのが、子どもとともに行なうことのできる最初のエクスポージャー法であることもあるだろう。いずれの場合であっても、一般的に話をさせるには最も困難な場所である子どものクラスからはいくらか離れたかたちで学校場面でのエクスポージャー法を行なうことを勧めたい。場合によっては、初めは子どもと支援者との間の調停役として両親の助けを得ることも必要となるかもしれない。

　もう一度図4.2と学校におけるアヴェリーの階層を見てもらいたい。初期のエクスポージャー法には、支援者のオフィスや学校の運動場といったように子どもにとって不安をあまり感じさせないところで話をするということが挙げられている。その他の例としては、スクールバスの停留所やスクールバスの車内や中庭、また必要であれば学校の近くの場所であってもよいだろう。こうした設定で行なわれるエクスポージャー法は、一般に家庭や地域社会で実施されるものと調和した（つまり、子どもをリラックスさせたり、単純で面白い話題について話したり、聞きとれるような大きな声で話をするように促したり、ご褒美を与えたりする）かたちで行なわれることが必要である。

　こうしたエクスポージャー法については、周囲に他の子どもたちがほとんどいない時に実施することを強くお勧めしたい。たとえば、放課後とか、グラウンドに誰もいなくなる午前中とか、あるいは週末とか、早朝とかといった時に行なう。子どもが十分な話ができるようになるまでには時間も励ましも必要であるということを忘れないでほしい。ある一定の設定で支援者との話が十分できるようになるまでは次の段階に進んではならない。

　いったん子どもがクラスを含めた学校の主な集合施設の外側で支援者に対して上手に話せるようになれば、次の一連のエクスポージャー法を学校の校内（人の往来がある所）で（ただし、まだクラス外で）行なうことができる。そうした例としては、図書館や体育館、カフェテリア、あるいは廊下といったところも含めることができよう。子どもはエクスポージャー法を受けながらクラスに出席したり、クラスメイトや同級生と言葉によらない形でのかかわりをもったりすることは認められる。しかしながら、最終的には授業中やそこにいる人たちにうまく自力で話すことが期待されているのだということを子どもに気づかせ

る。

　刺激フェイディング法を開始できるのは、学校場面でのエクスポージャー法の一連の練習過程のこの時点である。第1章で述べたように、刺激フェイディング法は、言語的な教科の課題、あるいは同級生や先生のような新しい刺激に徐々に慣らすことで、エクスポージャー法の難易度を計画的に高めていく方法である。初期のエクスポージャー法は、学校の主な集合施設の外部または内部なのか、支援者を伴う状況か子どもだけなのか、といった条件で実施される。子どもがこういった条件で上手に話せるようになれば、エクスポージャー法がより挑戦的なものになるように他の刺激を加えることができる。

　たとえば、支援者が運動場で上手く発話させることができれば、他の子どもが何人か周囲にいる状況でエクスポージャー法を始めることができる。こうした子たちは離れた所で遊んでいるかもしれないが、徐々に支援者や子どもの近くに移動させる。運動場におけるエクスポージャー法は、時間の経過に沿って、計画的に子どもの数を増やしたり、距離を近づけたりすることもできる。幼い子どもたちはある子どもに話をさせようとするこの試みにごく自然に興味を持ち、「手助け」を申し出てくれるだろう。こうした機会があれば適宜活用するとよい。たとえば、エクスポージャー法を実施している際に、同級生に約6メートル離れた場所に立つように指示し、その後約3メートル、さらに約90センチメートルと近づくように指示することもできる。また、そうした同級生が行なっていることや、話をしている相手や、その子どもに話しかけることについても変えることができる。また、支援者がこうしたエクスポージャー法を実施している場合には、そうした同級生たちが許される行為についてしっかりしたルールを設ける必要があるかもしれない。

　刺激フェイディング法はまた、学校の主な集合施設内で支援者がエクスポージャー法を行なっている際にも用いることができる（図4.2参照）。たとえば、周りに人が少ししかいない学校のカフェテリアで子どもに話をするように求め、それを徐々により混雑してくる時間に移していくという方法である。また、誰もいない廊下でエクスポージャー法を始め、徐々に子どもたちで混雑してくる時間帯まで実施するという方法もある。あるいは、子どもに初めは図書

館で支援者に話しかけさせ、後で他の子どもたちや先生がいる場面で支援者に本を読み聞かせるということもできる。

　支援者は、子どもが進歩するにつれてエクスポージャー法の時間の長さを増やす必要があるということについても留意する。最初子どもは図書館で支援者に対して１分くらいなら読み聞かせることができるのであれば、これを徐々に２分、５分、そして10分以上へと時間を延ばしていく。この考えは、支援者がいつも子どもにより多く話をさせ、もっと聞きとれる大きな声で話させ、他者が周りにいる通常の社会的な場面で話をさせるという、常に「限界に挑ませる」やり方である。この場合支援者は常に子どもがもう少しやってみようとしているかどうかという点に注意しなければならないが、それと同時に子どもが疲れて見えたり、イライラしていたり、やる気がなかったり、続けることに困惑しているかどうかということにも注意しなければならない。その１日を通して２〜３の「ちょっとしたエクスポージャー法」を行なってみることも可能である。

　こういった初期の学校場面でのエクスポージャー法は、完全にクラスに溶け込む支援のために行なわれる。クラスで行なわれる学校場面でのエクスポージャー法は、２つの大きな段階に分けて進める必要がある。第１段階では誰もいないクラスか数人しかいないクラスで発話を促し、第２段階ではクラスにクラスメイト全員がいる状況、たとえば皆に聞こえるように音読するといった学習活動をしているという状況で発話を促す。第１段階については「中期の学校場面でのエクスポージャー法」、第２段階については「後期の学校場面でのエクスポージャー法」で以下に紹介する。

中期の学校場面でのエクスポージャー法

　クラス内で行なう最初のエクスポージャー法については、一般に図4.2の階層に挙げられているいくつかの項目に沿って行なうことができる。たとえば、アヴェリーの学校に常駐しているソーシャルワーカーの場合、最初誰もいない休憩時間に彼女をクラスへと連れていき、彼女に自分の机がどこにあるのか、壁にかかっている自分が描いた絵がどれなのか、好きな本やクラス目標が何な

のかを尋ねている。ソーシャルワーカーはまたアヴェリーに第3章で述べられているリラクセーションや呼吸法をもう一度やってみせるように言っている。ここでのこうした考えは、アヴェリーがクラスで話すことに対してあらかじめ抱いている不安感を軽減させ、クラスをよりリラックスしたプレッシャーのないものであること連想させ、親密な関係を発展させ続けることにつながる。クラス内における最初の2～3回のセッションは、非言語なリラックスしたものであってもよいだろう。

　中期の学校場面でのエクスポージャー法は、主として誰もいないクラスで子どもと触れ合いをもち、その後徐々により多くの刺激に慣れさせていくことである。したがって、支援者の最初の何回かのセッションでは、子どもと話し合いをする、支援者に対して本を読んで聞かせる、好きなクラスの活動や同級生のものについて話をする、質問に答えるといったように、以前に行なったことの単なる繰り返しを行なうことになる。特に、クラスで話すことのような、アヴェリーと子どもたちの多くが以前は決してしなかったようなことに対しては必ず賞賛するようにしたい。また、この段階は非常に困難であるので、忍耐と実践の繰り返しが必要となることも忘れないでほしい。クラス内での最初のセッションは短くなることもあるが、後になればおそらく休憩時間にまで延びるかもしれない。

　支援者が次に行なう一連のエクスポージャー法には刺激フェイディング法をとり入れる。図4.2の項目4～8の例を見てみよう。アヴェリーはクラスの反対側に2人のクラスメイトが座っている状態で、ソーシャルワーカーに話しかけるよう指示される。ここでは仲の良い友だちであることが望ましいが、初めはどのクラスメイトに座ってもらうかを子どもに選ばせるとよいだろう。これらの同級生には黙って読書したり、学校の課題を仕上げたり、コンピュータを操作したりして、支援者とその子どもが取り組んでいる間は静かにしているよう特に伝えておく。支援者は、同級生に対しては場面緘黙児にかかわっている際は彼らに応対しない（無視する）こともできるが、場面緘黙児に対してはこうした同級生がいる状態で支援者に話しかけたことに対して必ず賞賛する必要がある。また、同級生に支援者や子どものもっと近くに座ってもらうことでエ

クスポージャー法をより挑戦的なものにすることもできる。

　ここで注意しなければならないことを2つ挙げておきたい。1つは、自分たちが話す時に先生がその部屋にいる最初の人であってほしいと望んでいる子どももいるということである。このことについては先生が望んでいる限りはまったく問題なく受け入れることができるであろう。2つ目は、もし同級生がエクスポージャー法に参加してくれるのであれば、自発的な社会的相互作用が後に起こることもあるということである。たとえば、そうした同級生はその子がしゃべったことに興奮して他者に話したりするだろうし、いったんエクスポージャー法がなされてしまえばその子どもと話をしようとするであろうし、子どもの声の良さを賞賛するかもしれないのである。こうしたことは必ずしも悪いことではないが、場面緘黙児の中にはこうした更なる注意が向けられることを不快に感じる者もいる。エクスポージャー法のセッションの後では、「して良いこと」と「してはならないこと」について、先生や同級生に指示をしておく必要があるかもしれない。

　アヴェリーの場合、こうしたシナリオに快さを感じてソーシャルワーカーに適切に話しかけるようになれば、段階的に状況を変えてもっと多くの刺激を与えていくことができる。アヴェリーの次の段階としては先生1人と友だち2人がクラスにいる状況で話をさせ、それから先生1人と5人、先生1人と10人、最後に先生1人とクラスメイト全員がいる状況で話をさせるようにする。後期のエクスポージャー法は、授業中いつでも行なってよい。このシナリオでは、子どもが本を読んだり言葉を使って支援者とかかわったりする際に、クラスの隅で支援者が子どもと単にかかわっていくやり方でもよい。もし子どもが他者からの自発的な援助に対しても上手に反応する場合は、子どもの声や発話が肯定的な反応を生み出すことはあっても、なんら悪いことは起こらないということを指摘する必要がある（本章で後述する「不合理な認知への介入」の項を参照）。

後期の学校場面でのエクスポージャー法

　最後の学校場面での一連のエクスポージャー法では、子どもたちが授業中に取り組む学習や社会的な活動をとり入れることが必要である。この時期のアヴ

ェリーの階層の項目には、集団での活動中や自由時間にクラスで同級生に話しかけたり、クラスで質問に答えたり、先生に対してはっきりと話したり、クラスメイトに向けて大きな声で音読したり、口頭での説明（あるものを持ち込んでそれについて話をすること）をするといったようなことがとり上げられている。

　子どもたちの中には他の状況へ発話を容易に般化できる者もいるので、後期の学校場面でのエクスポージャー法の場合では時々その進展が早くなることがある。また子どもたちの中には、より測定可能で、構造化された、丁寧で時間を要する方法を必要とする者もいる。子どもに最初にしゃべってもらう際には、子ども自身にその時のクラスでの活動を選択させるとよい。子どもたちの中には先生との対話を選択する者もいるし、同級生とのグループ活動を選択する者もいるが、彼らは良い具合にとけ込むだろうし、必ずしも注目の的になろうとしているわけではない。どちらを選択してもよいだろうし、これらとは別の同じような選択をしてもよいだろう。こうした活動中のエクスポージャー法は非公式で直接的なものも考えられる。たとえば、支援者が２、３メートル離れたところに立ち、必要に応じて発話を促したり、フィードバックしたりする方がよいかもしれない。また、支援者が子どもの発話をプロンプトし、強化してもらうように同級生に頼むこともあり得る。

　こうしたエクスポージャー法の場合、子どもは先生や他者に話をすることついて望ましい考えをもっていることが必要である（ソーシャルスキル・トレーニングに関する次項を参照）。子どもが同級生に話をしたり、授業中に質問をしたり、他者からの要求や意見に対して適切な方法で応答したりするロールプレイを子どもとの間で実施することもできる。子どもに対して、顔を上げたり、アイコンタクトをとったり、聞きとりができるような大きな声で話したりすることを忘れないようにさせることは、子どもが人前で話す際に役立つであろう。また、休憩時間やランチタイム、それに音楽や体育などの特別な授業でも同級生や他者と子どもの会話を密かに観察することもできよう。

　学校場面でのエクスポージャー法の最終段階では、学校全体の同級生や先生に対して話しかける実践に加え、おそらく学校の職員や守衛、あるいは他の学校関係者に般化させることも狙いとなる。この考えは、継続的にプロンプトや

強化が行なわれたりするのではなくて、自然な強化事態*によって強化されるまで支援するということである。子どもの学業面や社会的立場、特に交友関係を築きそれを維持する能力という点にも十分注意を払うべきである。エクスポージャー法のプログラムの終了時までには、子どもが代替行動ではなくしっかりとした音声言語を用いたやりとりができるようになっていることが必要である（第5章参照）。最後に、第7章でより詳細にとり扱われているぶり返しを防ぐ方法を行なってみる必要もあるかもしれない。以下にエクスポージャー法に基づく実践とともに用いられる介入について述べる。

ソーシャルスキル・トレーニング

　場面緘黙や話すことを嫌がる子どもたちの多くは、その人生のほとんど、あるいは長い期間少なくとも公の場で他の子どもたちと話をするという経験をもっていない。いったん子どもがエクスポージャー法に基づく実践によって他の子どもたちと話すようになれば、ある程度その子どものソーシャルスキルを高めることが必要になってくる。場面緘黙児の中には、すでに優れたソーシャルスキルを有している者もいるので、この段階はすべてのケースに必要ではないかもしれない。その一方で、場面緘黙児の中には、優れたソーシャルスキルを有していないか、スキル自体は有しているもののそれを実践してみたことがあまりないという子どももいる（アヴェリーの引きこもりのケースなど）。子どもがいったんきちんと話すようになると、支援者はどのシナリオを適用するか決定する必要がある。

　ソーシャルスキルについての何らかの訓練が子どものためになると思う場合は、次に述べられている行動のための基本的な考え方を参照するとよい。ソーシャルスキル・トレーニングには主に新しいスキルの学習がとり入れられているため、エクスポージャー法に基づく実践についての論理的解釈がここでもま

［訳者註］

＊**自然な強化事態**：たとえば、子どもがアイスクリーム屋さんで「ください」と言えた際に、アイスクリームの提示に追加して就寝時刻の延長など、やや不自然とも捉えられる対応を行なう場合も指導場面においては存在するが、そういった追加的対応は行なわない「自然な」対応のこと。

た応用される。つまり、子どもは最初援助を受けながら、後に自力で他者とやりとりする方法を実践する必要があるということである。目的は子どもが他者にうまく話をできるようになることであるが、それと同時に効果的な方法で交友関係を築きそれを維持することができるようになるのを援助することである。

　ソーシャルスキル・トレーニングのアプローチというのは、主に繰り返し行なわれるモデリング*、練習、フィードバックで構成されている。この場合のモデリングは、ソーシャルスキルをすでに獲得している同級生がアイコンタクトや会話といった鍵となる行動に従事しているのを子どもに観察させることである。ある特定の子どもにとっての最善のモデルは年齢の近い子どもであるが、これらにはきょうだいや親戚、隣人、クラスメイトやその他の同級生を含めることができよう。理想的にはこうした子どもたちは、その子どもがとてもよく知っていて居心地の良さを感じられる人々であることだ。こうしたモデルはソーシャルスキルが身についていて、過度の引っ込み思案ではなく、そして支援者が頼めばどんな社会的な実践でも進んで実行に移せる人でなくてはならない。

　基本的なモデリングのシナリオは、その対象となる子どもに2人の子どもたち（モデル）が会話をしているのを観察させることである。そのモデルは礼儀正しく、適切にアイコンタクトを行なえるのであれば、彼らが望むどんなことについても話すことができる。会話は1分以内の短いものとし、できれば後で子どもに見せるためにビデオをとっておくとよいだろう。子どもに対しては、どういったことでもよいが、たとえばアイコンタクトといったように支援者が最初に焦点を当てると決めたスキルに対して、よく注意するように伝える。必要があれば、その子どもが見ている時にモデルに対して彼らの会話を2～3回繰り返してもらうようにすることもできる。

　重要な次の段階となるのが練習である。他者がどのようにあるスキルを実行しているかということを子どもに見せたあとで、そのスキルを自分自身で練習するように指示する。この初期の練習は非常に短いセッションの中で多少援助

───────────
［訳者註］
＊モデリング：学習者に見本となるモデルを提示し、適切な行動を学習させる指導方法。

を伴った形式で行なう。子どもには1人の同級生とおそらく10秒くらいの短い会話をするよう指示し、話の内容よりはアイコンタクトをとり、十分大きな声で話すことの方が重要なのだということを伝えておく。ソーシャルスキルを実践するということはまた、他者に対して頻繁にしかも聞きとれるような大きさ声で話すために学習したスキルを強化する方法の1つである。したがって、ソーシャルスキル・トレーニングというのは、ある程度エクスポージャー法に基づく実践の延長であると言える。

ソーシャルスキル・トレーニングの他の重要な部分はフィードバックである。フィードバックというのはスキルがどのように実行されるかということについて子どもに与えられる情報である。支援者の子どもへのモデルや実践のモデルケースとして、支援者や先生、両親、その他の人々の様々なソーシャルスキルやフィードバックが、大きな欠点を修正したり、どういったことでちょっとした修正が必要であったりするのかということを子どもに理解してもらうことが重要であろう。

フィードバックにはまた、子どもの努力や成功に対する多くの賞賛も含まれている必要がある。

場面緘黙から抜け出ることに成功した子どもたちには、多くの異なったソーシャルスキルの実践が必要となろう。表4.1に挙げられているのは、重要なソーシャルスキルとこうしたスキルをとり扱う際の考えを簡単にまとめたものである。ソーシャルスキルはまた、子どもがレストランで食べ物を注文するといったように、子どもがより上手に話すことを学習した状況で実践するとよい。ソーシャルスキル・トレーニングは、子どもが自分の感情と他者の感情を認識・分類し、他者の視点に立てるようになるためにも役立つ。

社会的問題解決法（social problem solving）もまた、特に場面緘黙児を支援するために何人かの研究者たちによってこれまで採用されてきた。オレイリーら（O'Reilly, et al., 2008）は5歳と7歳の姉妹の場面緘黙のケースをとり扱い、セラピストや先生と共同で介入を行なっている。先生はセラピストに対してその日の授業プランと、自分がいつもよくやっている「12本バナナがあって、そのうちサルが7本食べたら何本残っているか」といった5つの質問を提供した。

表4.1　子どもたちにおける重要なソーシャルスキルに関する提案

- 他者から遊びや社会的な交流の場に招待を受ける場合
  →アイコンタクトをはかって笑顔を見せながら、他者が何をしているか尋ねる。「ありがとう」と言って遊び始める。

- 他者からの賞賛や褒め言葉を受ける場合
  →アイコンタクトをはかって笑顔を見せながら、「ありがとう」と言う。その他者に対しても感謝の言葉を言う。

- 戸口の訪問者や電話に答える場合
  →「こんにちは」や「何かご用ですか」とはっきりと言う。適当な距離を置いて、メッセージを受けとる。

- 他者に援助や情報を求める場合
  →どんな情報が必要とされるかということをはっきりと知る。適切な話し方（「すみませんが……」という言いだし）ではっきりと助力を求める。

- 強く「いや」と言ったり、何かをお願いしたりする場合
  →アイコンタクトをはかって簡潔に「いや」と言う。自分の意向をはっきりと大きな声で言う。

- 他者に電話をかけたり、他者を楽しい活動に誘う場合
  →明確にはっきりと話す。前もって話題について知っておく。マナーを守る。

- 衝動や怒りに基づいてすぐに行動しないでコントロールする場合
  →冷静に10数える。身体をリラックスさせて適切にその状態から抜け出る。他者に話しかける。

- ゲームや学習課題などで他者と協力する場合
  →マナーを守り順番を待つ。短い会話を交わす。遊んでくれたことに対して他者に感謝する。

- 悲しみや不安に対処する場合
  →身体をリラックスさせ、難しく考え過ぎていることに気づく。その感情が一時的なものであることを理解し、他者と話をする。

- いじめのような厄介でストレスの多い状況に対処する場合
    →挑発を無視してその場を離れ、安全な場所に移動する。いじめがひどい場合は他者に話す。

- 遊んだり、テレビを見たりする前に学校の課題を終わらせるといったような、満足感を遅らせる場合
    →宿題をするための時間を予定に入れる。まず課題をこなすことでその後のご褒美に焦点を当てる。待ったことで自分自身を賞賛する。

- 周りに他者がいる状態で適切に食事をする場合
    →ゆっくり食べ物を咀嚼する。口の中に食べ物がなくなってから話をする。身体をリラックスさせ、他者の話を聴く。

- 好意を伝える場合
    →好意を伝えるのにふさわしい状況を知る。どんな種類の好意が誰に対して受け入れられるかを知る。狭い範囲に好意を止める。好意と賞賛を合わせる。

- 他者に適切に挨拶をする場合
    →「こんにちは」と言って微笑み、顔を上げたまま、はっきりと十分な声の大きさで話す。

- 幸せ、悲しみ、恐怖／不安、そして怒りのような自分自身と他者の感情を見極める場合
    →自分の姿勢や顔の表情に注意して人の言うことをよく聞く。前後の状況（かかわりのある人たちの周りで起こっていること）をよく把握する。

- 他者と会話を始め、それを継続する場合
    →自分が焦点を当てたいと思っている話題について考える。アイコンタクトをとり、はっきりした声で質問をする。

- 自分や他の人を紹介する場合
    →適切な挨拶をする。適切な時間を選び、しっかりした文で話をし、質問をする。

- 仲間との活動に参加する場合
    →自己紹介をする。他者に別の者も加えてよいかどうかと尋ねる。はっきり自信をもって話をする。

- 他者へ話しかける時、顔を上げたままにする場合
  →その人とアイコンタクトを継続し、微笑み、会話を続け、質問をする

- 適切に他者の話を聞く場合
  →時々、うなずきを入れる。アイコンタクトを続け微笑みを絶やさない。相手の話をさえぎらない。

- 話の間アイコンタクトを維持し続ける場合
  →顔を上げたまま相手の顔の表情によく注意する。微笑みを忘れないようにする。

- 清潔さと身だしなみを維持する場合
  →顔を洗い、綺麗に歯を磨く。きちんとした服装にし、匂いに注意する。髪をとかし、服装を整える。

- 飲食店で注文をする場合
  →顔を上げてアイコンタクトをとる。はっきりと大きな声で話す。注文をとる人の話を注意して聞く。

- 他者の前で運動競技をする場合
  →集団活動に参加して最善を尽くす努力をする。他者と話をして楽しむ。

- 他者の話を遮ったり、不要に体に触れないようにする場合
  →アイコンタクトを維持し他者が話を止めることを待つ。話している人から適切な距離（60～90センチメートル）を維持する。

- 叫んだり、侮辱したり、皮肉を言ったり、叩いたりといったような無作法な行為をしないようにする場合
  →十分自分の行動に注意する。マナーを守り、相手の話をよく聞き、怒りをコントロールする。

- 不適切なことをするグループの圧力に抵抗する場合
  →誰かが自分に不適切なことをするように指示しているかどうかを考える。「いやだ」とはっきり言って、拒否する理由を述べる。その場から離れ、そうした誘惑の状況を避ける。

- 他者との争いを解決する場合
  →暴力を避けて問題の解決法について話し合う。他者の意見をよく聞き、問題のあらゆる側面について考える。全員が同意できる解決方法を探る。

- 適切に気持ちを共有する場合
  →自分が怒っていない状態でいる時に気持ちについて話し合う。マナーを守ってはっきり話し、他者の反応に注意する。

- はっきりと話す場合
  →ゆっくりと話し、それぞれの音節をはっきり発音する。アイコンタクトを維持し、他者の反応を観察する。大きな声で話をする。

- はっきりと聞きとりができる声量で話をする場合
  →ゆっくりと話し、自分の声量が十分であるかどうかを確かめる。アイコンタクトをとり続け、他者の反応に注意する。

- 他者の前で話したり音読したりする場合
  →ゆっくりとはっきりした声量で話をする。身体をリラックスさせる。前もって練習して十分準備をしておく。

- 他者の全体像を捉える場合
  →積極的に他者を観察し、その話に耳を傾ける。ある状況で他者が何を考えているのかとか、何を感じているのかということについて考える。他者に自分たちが考えていることや感じていることについて尋ねてみる。

- ゲームをしている時に自分の順番を待つ場合
  →じっと忍耐強く待つ。微笑みながら、遊んでくれたり参加の順番を与えてくれたりしたことに対してお礼を言う。勝敗に関係なく感謝する。

- マナーを守る場合
  →アイコンタクトをとり、適切に「どうぞ」とか、「ありがとう」とか、「すみません」といった言葉を使って、適切な文章の形で述べる。他者の反応に注意する。

- 他者がいる前で書く場合
  →身体や指をリラックスさせ、ゆっくりと慎重に書く。行なっているその課題に集中する。

第4章　地域や学校場面でのエクスポージャー法に基づく実践　113

　その後セラピストは授業の学習や質問への答えと、クラスではっきり話すといったような社会的ルールについて子どもと一緒にロールプレイした。子どもたちは先生が賞賛するのと同じように、自分たちの応答について評価し、どのように他者が自分たちに応答したかということについて話をした。21を越える観察セッションの実践の結果、子どもは聞きとれるかなり大きな声で先生の質問に答えるようになった。この研究は、エクスポージャー法に基づく実践やソーシャルスキル・トレーニングの要素を組み合わせて行なうことが、クラスでの適切な発話の頻度を多くする上で役立っているということを示した。

話すことについての不合理な認知への介入

　すでに前の章でも述べたように、場面緘黙や話すことを嫌がる子どもたちは、自分が他者の前で話すことに向いていないと考えていたり、不安を抱えていたりする。幼いほとんどの子どもたちは話すことについて何が彼らを悩ませているのかについて言わないだろうし、話すこともできない。したがって、彼らに問題を押しつけることは意味をなさないし、むしろ逆効果ですらある。しかしながらその一方で、いったん発話が展開されると話すことについての彼らの心配を語りだす子どもたちもいる。もしそうであるならば、子どもの悩みをとり扱うために支援者がとり得る段階がいくつかある。

　支援者がとるべき最初の段階は、その子どもにいくつかの質問をすることである。これらの質問のいくつかは一般的なものであるが、特別なものもある。

- あなたが誰かに話しかける時にあなたは何を考えていますか？
- あなたが誰かに話しかける時に悪いことが起きるだろうと考えていますか？
- あなたが誰かに話しかける時にあなたの身体はどのように感じますか？
  あなたは赤面したり、不安になったりすることについて悩んでいますか？
  誰かへ話しかけると身体がどのような感じになるかということについて考えますか？
- もしあなたが誰かに話をした場合、あなたのことを笑ったり、からかった

り、馬鹿にしたりするだろうと思い悩んでいますか？
- もしあなたが誰かに話をした場合、自分が賢くなく、話ができないように見えるであろうと思って悩んでいますか？
- もしあなたが他者に話をした場合、無視されるだろうと思い悩んでいますか？
- もしあなたが他者に話をした場合、他者にあなたのしたくないことをさせられるだろうと思い悩んでいますか？
- あなたは何を言うべきか分からないので、他者へ話しかけることを恐れていますか？

　以上がサンプルとなる質問である。支援者が取り組んでいる子どもの周囲の状況次第では、もっと特別な質問やその他の質問をする必要が出てくるかもしれない。子どもが話をすれば他者に馬鹿にされるような悪いことが起こるかもしれないと悩んでいる場合、まずこういったことは実際に起こっていることではないということを確信させる。もし子どもが話すことで笑いものにされたり、他の何らかの否定的な結果が生まれたりした場合は、まずこの状況が解決されなければならない。著者はこれまで、初めて自分たちに話しかけてきた子どもに対して友だちやクラスメイトのほとんどがとても協力的であるということを経験してきているが、何らかの不利益な状況が生じることもあり得る。子どもが話すのを妨げている問題の状況を解決するためのこの過程では、先生や同級生へのコンサルテーションが重要である。

　いったん子どもが話すことに抱いている主な悩みを見つけることができ、そしてその悩みについてどんな正当な理由も存在しないということが分かった場合は、子どもと一緒になってそうした心配事を軽減していく。以下に、特に年少の子どものための一般的な方法についていくつか紹介しておこう。

- 子どもと話すことで誰かが笑いものにするだろうという可能性について議論して、これまでそうしたことが実際に生じた回数（おそらく0に近いだろう）に注意を向ける。将来こうしたことが生じる可能性がほとんどないこ

とを予測させるために、最近の回数を用いるとよいだろう。
- 話をしたことで実際に笑いものにされた場合、どうしたらよいかということを子どもと一緒になって話し合う。たとえば、子どもは必ず先生に知らせて社会的に孤立した状況を避け、協力的な同級生と一緒に遊ばせる。
- 他者に話しかけた場合にどんなことが起こるだろうかということは、前もって知ることができないのだということについて子どもと話す。つまり、人々がどのように反応するかということについて、推測する必要がないのだということを教える。
- 話をすることに対する気おくれは一時的なものであり、どうにでもなること、つまり彼が話をすることに対して抱いている不安感はちょっとの間のことに過ぎず（すぐ消える）、処理することができるものであるということを子どもに話す。
- 話すことが自分の嫌なことで望まないことなのだということをいつも意味するわけではない、ということについて子どもと話す。
- 他者に話しかけることがより上手に話すようになるために役立つし、他の人たちも概して肯定的な反応（微笑む、お世辞をいう、など）をみせるであろうということを子どもに思い出させる。子どもが仲間と話をする際に、映画、学校の課題、家庭での活動、そしてペットといった話題について考える手助けをする。

　話すことについて重大な悩みをもっている子どもに対処し、子どもがそうした心配事について支援者に進んで話そうとする場合、こうした方法が定期的に導入される必要があることに留意してほしい。話すことの結果について子どもが正確な情報を受けとれるように、この過程に両親やその他の人も同様にかかわるようにする。また、両親や他の人たちは子どもが公の場で話すことに対して賞賛を送り続け、話すことが肯定的な結果（たとえば、食べ物や他の人たちから笑顔をもらう）を生み、否定的な結果にならない（子どもが話した後で誰も子どもに対して笑ったり不快な声をあげたりしない）ということを時々思い起こさせることである。

本章のまとめと次章の紹介

　エクスポージャー法に基づく実践は、場面緘黙や話すことを嫌がる子どもたち、特に様々な場面や出来事に対して社会不安を示す子どもたちに対する介入の本質的なものである。場面緘黙児には反抗的な傾向があり、おそらく公の場や学校場面で話すことを拒否するであろうと述べたこれまでの章を思い出してほしい。第5章で主な焦点となっているのは、随伴性マネジメントをいかに行なうかということであるが、それは、話す行動にしても、話すことを拒否する行動にしても、これら2つの行動にどのような随伴性が用意されているかということである。随伴性マネジメント・アプローチは反抗的な傾向をとり扱い、エクスポージャー法に基づく実践に取り組んでいる子どもに報いる上で役立つ。随伴性マネジメントはまた両親に家庭においてより優れた仕組みをつくらせるのに役立ち、こうした子どもたちに共通して見られる代替行動を減らすために使用することも可能である。

第5章 随伴性マネジメント

　6歳になる場面緘黙児のブロディは、家の外ではどんな状況であろうと頑として話をしようとしない。両親によると、家庭内では問題なく話をしているのに、公の場に出ると特に反抗的な態度になるのだという。また、就学前には、なだめて人前で話すように試みたのだが、それもほとんどの場合癇癪を起こしてしまうのでやめてしまったという。彼は言葉を空書きしたり、指さしをしたり、うなり声をあげたり、ジェスチャーを使ったり、特異な表情をしてみせたりして、コミュニケーションをはかろうとする。また、滅多にあることではないが、彼に無理やり話をさせようとした時はその人をにらみつけたり、頭を激しく揺すったりする。幼稚園の先生の場合は言葉を使わなくてもよいからコミュニケーションをとるように仕向けていたが、小学1年生になった時の担任の先生はクラスで無理やり音読させようとした。その結果、彼に破壊的行動（たとえば、大声でわめく、物を投げるなどの暴力的な行動など）をとらせることになった。アセスメントの結果では、ブロディの場合は現に友だちと校庭で仲良く遊んだりしているので、社会不安がほとんどみられないとなっている。彼の反抗的な行動レベルについては中度から高度である。

　すでにこれまでの章で説明したように、ブロディのような場面緘黙児の場合、人前で話すことに反抗的な態度を示すことがあったことを思い出してほしい。反抗的な態度をとって話をしなかったり、話を避けるために破壊的行動をとったり、両親など他者に対して自分の要求を無理やり同意させたり、コミュニケーションに指さしなどの代替行動をとることを主張したりして、その態度にはわがままで、強情で、操作的であったりするといったような面がみられる。ブロディのような緘黙児は、社会不安という要素を抱えているのであろうが、はっきり話さないという態度には反抗的な要素が含まれているのが一般的

である。

　ブロディのような場面緘黙や話すことを嫌がる子どもの場合、介入を行なう基本的な方法としてあげられるのが随伴性マネジメントである。随伴性マネジメントというのは、子どもが話をしたり話そうとしなかったりすることに対して、報酬や罰*（行動の減少をもたらす手続きの総称）を与えたりする方法であったことを思い出してほしい。こうした報酬や罰は主に両親や先生、それに子どもの介入に携わる責任者によって与えられるが、この場合はクラスメイト、きょうだい、関係者などによって提示されても構わない。その方法は一般に話をする頻度や明瞭さの強化に向けてとられるが、しばしば癇癪（かんしゃく）、まとわりつき、あるいはクラス妨害のような代替行動や問題行動を変えさせる上でも用いられる。ただ、報酬や罰については工夫されたものであるか、本質的により自然なものであることが望ましいのであるが、このことについては以下で検討してみよう。

　随伴性マネジメントは、反抗的な態度を示す場面緘黙児に対して有効であるが、他の特性を示す子どもにも適用できる。これはブロディのように、指さし、ジェスチャー、指で言葉をなぞるといった代替行動をとり扱う上では有用な方法である。また、不安に基づく場面緘黙であったり、話すことを嫌がる子どもの多くは、エクスポージャー法に基づく実践や話をさせようとすることに対して当初は難しい態度を見せる。報酬や罰は、エクスポージャー法の一連の練習過程をさらに押し進める上で時々用いることが必要である。

　本章では、反抗的な行動、代替行動、エクスポージャー法に基づく実践など、こうした条件のそれぞれについての随伴性マネジメントの実践に焦点を当てる。また、本章では、第1章で紹介した嫌子消失による強化（逃避）の介入方法についても述べることにする。この章でとり上げる介入については、場面緘黙や話すことを嫌がる子どもたちに効果的ではあるが、しばしば随伴性マネジメントに基づく実践との併用で用いられるということに留意してほしい。したがって、読者がとり扱っている子どもの全般的不安や社会不安がより低い程

［訳者註］
＊罰：(disincentives) ここでは、罰および消去が含まれる。

度であるような場合は、特に第3章と第4章を再度復習されるように強くお勧めしたい。

　読者がとり扱っている子どもがはっきり反抗的な性格であると判断して本章を読み始めている場合は、適切に緘黙児の家族と相談し、確実に両親や先生、それにできれば緘黙児本人との間に信頼関係を築くことが必要である。以前に述べたように、子どもが居心地の良さを感じるような読者のオフィスとか公の場でしばしば会い、子どもと信頼関係を築くようにするとよい。

　それでは、本章全般にわたる代表例として、ブロディに用いられた随伴性マネジメントについて段階を追って話を進めてみよう。

両親と子どもとへのコンサルテーション

　エクスポージャー法に基づく実践については第3章で述べたように、緘黙児の反抗的な行動についての説明や随伴性マネジメントの論理的根拠といったアセスメント結果について、両親や子ども（可能であれば）と十分な話し合いをすることを強くお勧めしたい。アセスメント結果についての話し合いを行なう時は、そのデータに見出される行動パターンに焦点を当てるとよいだろう（第2章参照）。子どもの場面緘黙と反抗的な行動との間に密接な関係があると結論づけられる場合は、その主張の裏付けとなる質問項目、ワークシート、観察、その他の評価データに焦点を当てることである。

　読者が選択する随伴性マネジメントに最もかかわりをもっていると思われる子どもの場合は、その特異な行動面について話し合いをすることを望んでもよいだろう。その場合は子どもの多様な行動の中の特異な最新のケースに全力を注ぐことである。場面緘黙児や話すことを嫌がる子どもに共通して見られる特徴は、操作的な行動や注意喚起行動である。反抗的な態度をとって話すことを拒否する子どもの場合は、他の違った状況であっても同じような振る舞いをするのが一般である。雑用をしたり、時刻通りに就寝したり、あるいは学校に行くことすら拒否することもあるであろうし、またいろいろな場面で癇癪を起こしたり、動こうとしなかったり、注意を引こうとして泣き叫んだりすることもある。このような反抗的な行動や注意喚起行動は、随伴性マネジメントが有効

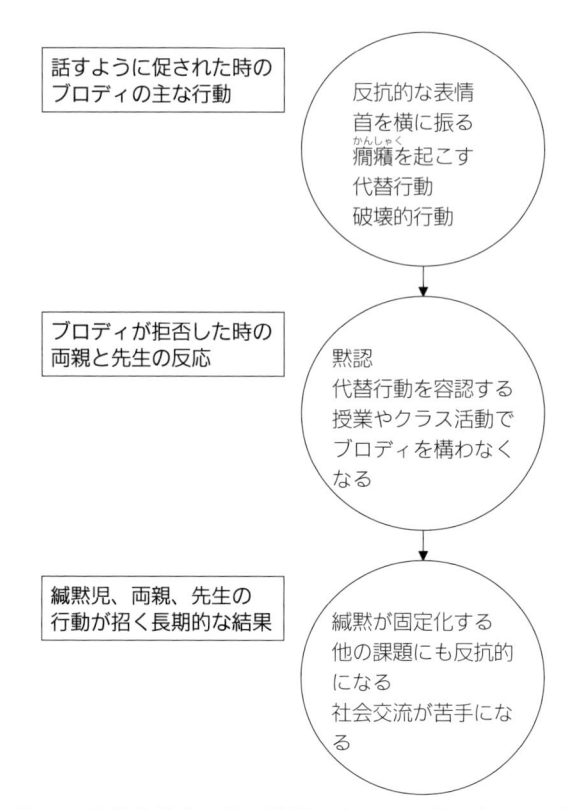

図5.1 反抗的態度と場面緘黙の流れ──ブロディの場合

話すように促された時のブロディの主な行動
- 反抗的な表情
- 首を横に振る
- 癇癪(かんしゃく)を起こす
- 代替行動
- 破壊的行動

ブロディが拒否した時の両親と先生の反応
- 黙認
- 代替行動を容認する
- 授業やクラス活動でブロディを構わなくなる

緘黙児、両親、先生の行動が招く長期的な結果
- 緘黙が固定化する
- 他の課題にも反抗的になる
- 社会交流が苦手になる

なことを示す良い証であるということができる。

　しかし、緘黙児の中には人前で話す時にだけ反抗的になり、他の大人の言うことに対して従順であるといった者もいるということに留意したい。ある子どもたちの場合は両親や先生の言うことをよくきくが、公の場では頑として口をきこうとしない。こうした場合の随伴性マネジメントは、反抗的な行動パターンよりも発話に集中させるのが望ましい。

　ブロディの場面緘黙や反抗的な行動の典型的な流れとしては、**図5.1**に説明されているとおりである。ブロディは話をするように求められると、首を振ったり、癇癪(かんしゃく)を起こしたり、クラスで破壊的な行動をとったりするというような

反抗的な態度を見せる。この因果関係の重要な点は、次に起こるのが何であり、子どもが話すことを拒否したことに対して両親や先生やその他の人たちがどのように応えたらよいのかということである。こうした人たちがとっている共通した態度は、話そうとしない子どもの要求を受け入れようとすることである。ブロディの両親は息子に人前で話をさせようとする試みを諦めてしまったし、幼稚園の先生は彼が話をするのに非言語的な方法を用いることを容認したことを思い出してみるとよい。また、ブロディの周りの大人たちはコミュニケーションの代替行動に頼るようになったし、両親は他の人に対して子どもの顔の表情やつぶやきや奇声を「通訳する」ことにすっかり慣れてしまっていたし、先生たちも話をさせようとする努力をしなかったり構わなくなったりしている。

　親や先生のこうした行動のすべてが、話すことを拒む緘黙児の反抗的態度を助長することになる。ブロディのような緘黙児は、クラスでもっと話したり活動に参加したりする義務から逃れることができるため、現状に大いに甘んじているのである。したがって、時間が経つにつれて場面緘黙や話すことを嫌がることがますます根付いてしまうことになる。そうした反抗的態度が認められるということは、宿題の拒否といったような他の状況に対する破壊的行動やその他の誤った行動に波及するようになってしまう。また、長い間話をするのを拒否したり、コミュニケーションをとることに反抗的な態度を見せたりしていると、ソーシャルスキルの発達が阻害されたり、友だちができなくなるということにもなるであろう（図5.2参照）。

　子どもの場面緘黙や反抗的な行動の結果については、両親や子どもに説明して一緒に話し合うこともできるであろう。子どもや両親の意見が読者のものと大きく違っている場合は、勇気をもって同意できないと言わせることである。必要である場合は、家族から追加情報を入手して、子どもの反抗的な行動結果についての読者の見解を修正することもよいだろう。ここで最も大切なことは、そうした結果が読者の介入目的に対する論理的根拠となるため、家族の関係者全員にその結論を確実に理解してもらうということである。特に、緘黙児がどんな状況でも闊達に話せるようになるためには、代替行動の黙認や発話を

拒否することなど、緘黙児の行動の強化子を家族に説明することが大切である。

　こうした結果を用いてそれぞれの反抗的な行動や彼らの行動についても家族や先生に納得してもらい、両親や先生自身にも行動計画に専心させることである。そうした随伴性マネジメントの任務の大半が両親や先生にかかっているのだということを理解してもらうことが必要である。第3章では、不安の管理が両親や緘黙児が学ばなければならない新しいスキルであったということを思い出してほしい。その同じ原理がここでも適用される。つまり、両親や先生、それに関係者たちは、緘黙児の行動に対応する方法を積極的に変えて、本章で述べられているすべての介入を実践することが必要であるということである。緘黙児にはこれから行なわれるプロセスについて知らせることを強く勧めるが、介入プロセスの仕組みにまで深入りさせないことである。

　関係者全員の意見が一致したら、読者が予定している介入コースや時間的な流れの概略について述べてみよう。介入の一般的な方向としては、報酬や罰を明確にしたり、報酬や罰を話すことへの期待と関連付けたり、報酬や罰を代替行動とか言いつけや毎日の日課といったようなその他の両親による行動に関連付けたりすることが含まれるであろう。すでに第3章で説明したように、介入についての時間的な流れを予測することは難しいが、反抗的な行動が伴っている子どもの場合は、より多くの労力が必要となるであろうし、より長期化することもある。困難が生じるであろうと思われる状況に対する十分な心構えをし、介入の進行中は両親や先生のモチベーションを確実に保持するように努めることである。次に、随伴性マネジメントの最初のステップについて説明しよう。

報酬と罰を決める

　随伴性マネジメント・プロセスの最初のステップについては、場面緘黙児にとってどういった報酬（強化刺激）や罰（嫌悪刺激）が顕著な影響を及ぼすのかということを、両親や先生、それにできればその他の関係者に対しても説明しておくことが必要であろう。こうした情報のいくつかについてはすでに読者自

身のアセスメントで選り分けがなされているだろうし、その子どもをよく知っていることから見当がついているかもしれない。しかし、ここで注意しなければならないことは、場面緘黙児でも家庭と学校とではモチベーションが異なっている子どもがいるということである。たとえば、場面緘黙児は両親の世話を受けても、先生からは受けたくないということだってあり得るのである。

　子どもたちの中でも特に注意喚起行動が目立つ場面緘黙児の場合は、そのモチベーションとなっているのが褒められることであり、両親や場合によっては先生と一緒にいることなのである。こうした子どもが好むのは、賞賛を受けたり、1対1の会話をしたり（時には一方的になることがある）、お手伝いをしたり、大人と散歩したりすることである。しかし、その一方で玩具やキャンディをもらったり、テレビやコンピュータを使わせてもらったり、お金をもらったりするといった具体的な形の報酬を喜ぶ子どももいるであろうが、話したことに対する報酬として金銭を与えたりするということについては賛成できない。具体的な報酬としてはご褒美ステッカーとか、あるいはもっと適切な話ができた場合には就寝時刻を遅らせるとか、もっと自然なものを工夫するとよいであろう。

　また、罰（消去を含む）の例としては、どんなことが挙げられるであろうか。そのような例としては、特別扱いをやめる、就寝時刻を繰り上げる、ステッカーや玩具を与えない、あるいは罰金を課すといったようなことがあるが、もう一つ重要な対応方法としては、代替行動を無視するということが挙げられる。ブロディが指さしをしたり、ジェスチャーをしたり、非言語的なコミュニケーションの方法をとったりしても、両親や先生、他のクラスメイトなどはやがては無視しなければならなくなるであろうが、このことが症状改善への第一歩となる。いったん非言語行動に効果がなくなってしまったことが分かれば、そうした行動の頻度も次第に少なくなっていく。

　話すことを拒絶する行為に対しては、著者はぜひ罰（消去を含む）の方法をとることをお勧めしたい。こうした場合では、体罰を加えたり、お使いをする特権を何日もの間奪ったり、誕生日や休日をキャンセルするといったような突飛なやり方は不要である。そうしたやり方に代えて最も望ましい報酬と罰の方法

は、日々の適用が可能であり、子どもの興味を引き、しかも親や先生が絶えず適切な形で管理できるようなものあるべきであろう。報酬や罰の威力や種類は、介入が進むにつれて変える必要がある。たとえば、発話に対する期待が困難であればあるほど、より威力のある報酬が必要となるかもしれない。

反抗行動や場面緘黙に対する随伴性マネジメント——両親にできること

　特定の報酬や罰（消去を含む）が様々な状況における発話に対する特定の期待と関連している場合は、この随伴性マネジメントが有効である。緘黙児は滅多に話をすることはないので、子どもが話すのを待ってから報酬を与えるという一般的なやり方や、言葉を発した場合でも1日の終わりにだけ報酬を与えるということはお勧めできない。発話に対する報酬は即座に行なわれるべきであり、発話に対する明確な期待と結びついていることが必要である。次に、ブロディの例について話をしてみよう。

　ブロディは家ではよく話をするので、公の場でもより頻繁に、しかもはっきりと話すことを期待することができる。次に決めなければならないのは、最初に話し出す場所を公の場（学校以外）だけにするのか、学校だけにするのか、それとも公の場（学校以外）と学校という状況で管理するのかということである。私がお勧めしたいのは、子どもが最も話しやすく、しかも大人がその結果を適切に一貫した形で管理できるような状況で始めることである。ブロディの場合、学校で話すことに最も反抗的な態度をとっているように思えるが、これまでは両親が公の場（学校以外）における息子の非言語的な行動を容認してきている。この場合の選択肢としては、両親に結果を適切に管理することの必要性について理解してもらい、ブロディにどのように随伴性を与えフィードバックするかというモデルを示すために、両親とブロディが一緒になって公の場に行くか、あるいは学校で随伴性マネジメントを始めるために両親と一緒に作業するかである。このような人たちにとって共通しているこうした状況では、随伴性マネジメントを容易にし、そしてそれを適切なモデルとして役立てるために、読者が公の場へ両親やブロディと一緒に行くことをお勧めしたい。

　随伴性マネジメントを実施する場合には、発話を促す状況や条件、うまく話

せた時とそうでない時の対応を具体的に決めておくとよい。子どもには、必ず期待や結果についてすべて詳細に伝える。

ブロディの場合には両親と連れだってショッピングをするためにスーパーマーケットに行き、無料の試飲ジュースを提供していた店員に一言大きな声で話すよう求められている。彼は店員に近づいて笑顔で「プリーズ（ください）」と言うように指示され、それができた場合は就寝時間を30分延長して起きていること（夜更かし）が許され、できなかった場合はいつもより30分早く就寝するように言われている。

初めて介入を行なう時はいろいろな試みをすることを想定して、時間的な余裕をもった予定を立てる必要がある。たとえば、ブロディが話したいと思えば何度でも店員に近づくことが許される。ブロディのような緘黙児は話すことに反抗的な態度をとる傾向があるので、不安が主要な要因ではないだろう。それでも最初の試みでは困難であろうから、両親には忍耐力が必要になる。他の子どもの場合には初めは口だけ動かしたりささやくように言葉を発したりすることが必要となるかもしれないが、このことは後で大きな声で話ができるようになるという期待がもてるのであれば構わないだろう。

こうした状況では、両親や大人の対応が非常に重要である。両親はえこひいきのない声で、しかも強い感情を込めない声で話すようにすることが大切である。また、2、3メートル離れるといった物理的な距離をとるということも必要であろう。「君ならできる。さあ、やってごらん」といったような励ましはよいが、両親は子どもに対して話すという課題を自分自身で果たすことが必要なのだということを、自信をもった態度で示すことが必要である。両親に推奨されることはまた、事前に設定したとおりに課題を指示することである。話さないとどのような結果になるかということを店で子どもに考えさせる必要はなく、結果は後で対処すればよいだろう。子どもが話したら褒めたり、できない場合は「次はもっとうまくできるよね」と優しく諭してやったりするような方法もしばしば効果があるものである。

最初ブロディは話すことを拒否したが、両親は優しく諭し（首を横に振る）、その夜はいつもより早く就寝するように指示を出すことができた。両親は翌日

になって、ブロディにあの時なぜ早く寝なければならなかったのかということを思い出させ、次回はもっと頑張るように励ましている。私がお勧めしたいのは、子どもが翌日もできるだけ早く同じ状況にかかわれるということである。著者が一緒に作業を行なっている場面緘黙児の場合、ブロディと同じように、やがてはたとえ少しでも話をするようになる。

　いったん子どもが最初の条件を見事に果たすことができれば、話すという期待がもう一段引き上げられることになる。たとえば、母親のために野菜を袋詰めにしてくれている店員に対して、ブロディが「サンキュー（Thank you）」という2つの言葉を話すことが期待される。著者のこれまで経験では、次の段階の条件がクリアできると、その後のそれぞれの段階を達成するまでの時間は短くなる傾向があるが、そうしたことについては時々状況に合うように変更されることが必要である。子どもがより頻繁に話したり、より大きな声で話したり、より様々な状況や人々の中で話をしたりするということが期待されるようになるにつれて、両親は報酬や罰（消去を含む）の効力を強める必要があるかもしれない。随伴性マネジメントの段階については、第3章や第4章で概述している階層に従うことができよう。

　また両親には、子どもが他人と会って適切な話しかけをすることを日課としてとり入れるようお勧めしたい。例としては、読者や家族のメンバーからの電話を受けたり、公園で他の子どもに自己紹介をしたり、社会的交流が必要であるようなレクリエーション活動に子どもを連れて行ったりするといったようなことが挙げられよう。さらに、日常生活で偶然に発生した機会を利用して、子どもがもっと頻繁に大声で話すことに慣れるようなごく自然な「出会い」なども考えられよう。たとえば、スーパーマーケットで知人にばったり出会って子どもに挨拶をさせるというようなことでもよいだろうし、また自宅にかかってきた電話を子どもに応対させるということなどもよいだろう。

　これらは前もって計画されていない即興的なやり方であるが、報酬の機会は用意しておくようにする。こうした状況では話ができなかったということで子どもに罰を与える必要はないし、「もっと頑張ろうね」という形で相応の報酬を与えることはできよう。第4章では、アイスクリーム屋の設定が自然な強化

子の利点を活かして用いられた。このケースでは、子どもが家族と一緒にアイスクリームを注文するように言われる。はっきりアイスクリームを注文することができた者はデザートが得られ、話のできなかった者はアイスクリームが得られない。両親は子どもが何度もやり直すことを認め、必要なコミュニケーションがとれるようにする。

　社会的な場面（学校）における随伴性マネジメントについては、第3章と第4章で述べたエクスポージャー法に基づく実践と同じプロセスに従う。ここの焦点は、話したことに対する報酬と話さなかったことに対する罰（消去を含む）を調整することである。社会的な場面における随伴性マネジメントは学校における介入に先行して行なわれるが、学校における課題を設定している場合でも、子どもに対しては社会的な場面で話す練習を続けさせることをお勧めしたい。このことは、緘黙児の学校における行動が、家庭でも部分的に反復されるであろうから特に重要である。

反抗行動や場面緘黙に対する随伴性マネジメント——先生にできること

　学校における場面緘黙の随伴性マネジメントは、読者や両親、先生、それにその他の関係者の間の緊密な協力や連絡が必要である。著者は、随伴性マネジメントプログラムに次の要素をすべて含めるように強くお勧めしたい。

- クラスで話すようになることに対しての日々のはっきりとした期待
- こうした期待に応えた時の報酬や応えられなかった時の罰（消去を含む）
- 日常報告カードを毎日、保護者に送り、保護者は家庭における結果を先生に報告すること
- 先生は絶えず子どもに発言を求めて、コミュニケーションをとるように勧めること
- 緘黙児を励ます学校での環境づくり
- クラスにおける破壊的行為、特に話すことを求められた際の反応をコントロールすること

クラス内で話すという日々の期待については、第3章、第4章、そして本章の冒頭でとり上げている段階的な一連の練習過程を反映させることができる。たとえば、学校にいる間にブロディが先生に対して言葉を1つ明瞭に話すことは期待することができるであろう。このことがいつ、どこで、どのような形で起こるかということ（時間が経つにつれてもっと具体化できよう）については、ブロディの裁量に任せるようにするとよい。ブロディは自分の言いたい言葉、その言葉を先生に話したい時、そして周りに誰もいない休み時間のような状況を選ぶことができる。そうすることができた場合には、先生は賞賛の言葉を与えるとか、クラスでのコンピュータの時間を延長するという報酬によってその場で応えたり、後で両親による報酬（就寝時刻の延長など）で応えたりすることが必要である。逆に課題をクリアできなかった場合ももちろん、休憩時間をなくしたり、就寝時刻を早くしたりといった形で応えることが必要であろう。

こうした学校と家庭における出来事の密接な関係が、随伴性マネジメントを強化し、子どもに課題の重要性を伝え、先生と両親の間に強い連携を築く上で役立つ。このような連携は毎日先生から両親に対して送られる日常報告カードで強化することが必要である。図5.2に示してあるのがそのサンプルである。子どもが先生に対してその日の話をするという課題を立派にクリアしたかどうかを記載したり、子どもの不安レベルや破壊的行動を0〜10段階で評価したり、両親に対して破壊的行動やその他の関連した詳しい所見を書いたりするようにお勧めしたい。特に緘黙児が話すという課題を見事に克服したかどうかということに焦点を当て、両親に対して項目ごとに適切な所見を述べるとよいであろう。

また、子どもへの対応を改めたほうがよい先生もいる。先生の中には実際クラスで緘黙児をかまわなくなったり、グループ活動に参加させなかったり、クラスの隅で作業をするように指示したり、言語化が必要となる読書やその他の課題に不合格点を与えたりする人がいたりする。こうした対応は、子どもが少しずつ言葉を発するようになるに従い改める必要がある。たとえば、先生に対して初めて言葉を発した子どもにクラスでテキストを朗読させるようなことは必要はないのである。しかし、子どもをクラスメイトと一緒にさせて非言語的

日常報告カード

日付：＿＿＿＿＿＿＿＿＿＿＿＿
本日の課題：＿＿＿＿＿＿＿＿＿＿＿＿＿＿＿＿＿＿＿＿＿＿
子どもは本日の課題を見事にクリアした（いずれか1つに〇をつける）：はい　いいえ
本日子どもが見せた不安レベル（0〜10の段階で評価する）：＿＿＿＿

X	X	X	X	X	X	X	X	X	X	X
0	1	2	3	4	5	6	7	8	9	10
なし		少し		若干		強い		かなり強い		最悪

本日子どもが見せた破壊的行動のレベル（0〜10の段階で評価する）：＿＿＿＿

X	X	X	X	X	X	X	X	X	X	X
0	1	2	3	4	5	6	7	8	9	10
なし		少し		若干		強い		かなり強い		最悪

学校における本日の問題行動
＿＿＿＿＿＿＿＿＿＿＿＿＿＿＿＿＿＿＿＿＿＿＿＿＿＿＿＿＿＿＿＿＿＿
＿＿＿＿＿＿＿＿＿＿＿＿＿＿＿＿＿＿＿＿＿＿＿＿＿＿＿＿＿＿＿＿＿＿
＿＿＿＿＿＿＿＿＿＿＿＿＿＿＿＿＿＿＿＿＿＿＿＿＿＿＿＿＿＿＿＿＿＿
＿＿＿＿＿＿＿＿＿＿＿＿＿＿＿＿＿＿＿＿＿＿＿＿＿＿＿＿＿＿＿＿＿＿

本日の宿題またはその他のコメント
＿＿＿＿＿＿＿＿＿＿＿＿＿＿＿＿＿＿＿＿＿＿＿＿＿＿＿＿＿＿＿＿＿＿
＿＿＿＿＿＿＿＿＿＿＿＿＿＿＿＿＿＿＿＿＿＿＿＿＿＿＿＿＿＿＿＿＿＿
＿＿＿＿＿＿＿＿＿＿＿＿＿＿＿＿＿＿＿＿＿＿＿＿＿＿＿＿＿＿＿＿＿＿
＿＿＿＿＿＿＿＿＿＿＿＿＿＿＿＿＿＿＿＿＿＿＿＿＿＿＿＿＿＿＿＿＿＿

図5.2　日常報告カードのサンプル

コミュニケーションであってもグループ活動に参加させたり、黒板に文字を書かせたりしてもっと授業に参加させることは必要であろう。孤立から解放してやることが緘黙児をより頻繁に話すようにさせるのである。先生にはまた緘黙児の代替行動を解消させようとする努力も求められるであろう（次節参照）。

　緘黙児がクラスで少しずつ上手に話せるようになるに従って、もっと自発的に話をさせる段階に他の児童生徒たちを参加させることもできる。同級生やクラスメイトには、緘黙児が話をしたことを賞賛させたり、一日中話をさせたり、子どもが「話をしない」ということを他の児童生徒に言わないようにさせ

たりするということが大切である。たとえば、昼休みに緘黙児にクラスメイトと会話させるということもよいだろう。目的とするところは、緘黙児にとって何気ない自然な生活状況を用意し、それを学習や報酬の場面に変えてやることである。加えて、学校の専門科目の先生（体育、美術、音楽など）、事務職員や他の大人たちも、緘黙児が明瞭に話せるような環境を作ることに協力してもらう。たとえば、先生は緘黙児を傍らに招き、その日の様子を尋ねてもよいだろう。その際、先生は緘黙児を威圧しないように注意する。緘黙児が先生やクラスメイトに積極的に話そうとする様子が見られれば、さらに多くの人にも参加してもらうとよいだろう。

　先生による随伴性マネジメントは、話すことを要求した時に緘黙児がクラス内で示す破壊的行動についても応用できる。ブロディの場合、クラス内で話すように求められると、破壊的行動をとったり、物を投げたり、地団駄を踏んだり、クラスから出て行ってしまったりした。こうした行動には、話すことができなかった際の罰を超える特別な措置を設ける必要があろう。破壊的行動に対する対応は、話すことを求める際の対応とは異なり、特に強い措置を用意する。そうすれば、緘黙児は自分の行動がそうした厳しい結果を招いたのであり、それが容認できないレベルに達しているものであるということを理解することになる。

　特に話すことができなかったことで破壊的行動をとるような場面緘黙児の場合、米国・リハビリテーション法第504条項に基づく計画を作成することが効果的であると思うことがあるかもしれない。作業量を調整したり、先生の近くに子どもを座らせたり、薬物治療を行なったりするといった本書で述べている事柄も含め、米国・リハビリテーション法第504条項に基づく計画は緘黙児の行動を扱う上で役立つような特別な状況に対応させることができるであろう（第7章参照）。米国・リハビリテーション法第504条項に基づく計画はまた、子どもが学校で頻繁にそしてはっきりと話し続けることを保証する上で随伴性マネジメントの継続を必要とすることから、ぶり返し防止にも役立つ（第7章参照）。

　後半段階における随伴性マネジメントは、緘黙児が示す他の破壊的行動にも

適用できる。場面緘黙児によっては、宿題や雑用を拒否したり、(特に話が期待される場合は)登校すら拒んだりする者もいる。クラスにおける破壊的行動や癇癪のようなブロディが示した行動のいくつかは、具体的な随伴性に関連しているかもしれない。したがって、こうした問題行動はやがて消失するだろうし、両親はそうした実践がごく日常的なライフスタイルになるように、随伴性マネジメントを拡大することができる。そうした随伴性マネジメントを拡大することは、緘黙のぶり返しを防ぐということでも役立つ(第7章参照)。随伴性マネジメントはしばしば広範なアプローチを必要とするところから、多くの大人(両親や先生)が、報酬と罰(消去を含む)を管理する必要がある。

代替行動の消失

　以前に述べたように、場面緘黙に対する随伴性マネジメントの主な目的は、ブロディのように指さしをしたり、ジェスチャーをしたり、空書きしたりする代替行動を消失させることにある。こうした代替行動については、介入の初期段階で緘黙児が話すことに対する期待やその結果について理解したことを確認する方法として一般に認められている。たとえば、ある一定の状況でしたり言ったりしなければならないということが分かったかどうかということを尋ねる場合に、うなずいたり首を横に振ったりすることは認めてもよいだろう。しかし、介入が進むにつれ簡単な返事をするのに「はい」や「いいえ」といった「言葉」を使ったり、そして介入がさらに進んだ段階ではより広い形で会話したりすることが求められる必要がある。

　ブロディの場合、最初スーパーマーケットでジュースを販売している店員に対して「プリーズ(ください)」と言うように指示された。緘黙児は、言葉を発する代わりに、別な方法で情報を伝えようとすることがある。たとえば、ブロディは、ジュースを指さしたり、店員に微笑んだりといった非言語的な方法をとっている。こうした方法は幼児の場合はしばしばうまくいくが、ブロディにはそうした代替行動が許されないことであり、両親は「言葉を使わなければならない」ということをあらかじめ彼に伝えておくことが必要であろう。また、店員や他の人たちに対しても自分の子どもが言葉を使うことを学んでいるとこ

ろだから、言葉をはっきり言わなければ物を渡さないでほしいということを伝えておく必要がある。そうすれば、たいていの大人は優しく応じてくれるし、子どもが言葉を発するように励ましてもくれるだろう。

代替行動を消去することは日々の生活の中で行なわれるべきであり、それは親の正しい対応である。両親に対しては、子どもに言葉を用いて言わせたり、話をしないと何を言いたいのか分からないと言って指さしや黙り込みといった非言語的な表現を無視したり、あるいは優しく注意したりして勇気づけることである。代替行動については完全に無視することをお勧めしたい。介入が進むにつれて、先生や他の職員もまたこうした方法をとることが必要である。最初はクラスでのテキストの朗読で失敗したように少しぎこちなかったり、難しかったりするかもしれないが、それを続けることで非言語的な行動のほとんどがやがては消失するであろう。

また、読者は緘黙児の同級生やクラスメイトと緊密に協力する必要があると思うかもしれない。彼らには、子どもを励まして口を開くようにしてもらったり、話をした時には大いに褒めてもらったり、その子どもが話をしないということを他の人たちには言わないようにしてもらったりすることが必要である。そうした子どもたちには緘黙児がもっと頻繁にはっきりと言葉を発する必要があるということや、その緘黙児が一緒に遊んだり、話をしたり、学級やグループ活動に参加したりすることが必要であるということを伝えておくことである。ここで大切なことは、積極的に話すことを奨励し、代替行動を抑制するような学校における自然な環境を作ることである。

エクスポージャーに基づく実践の勧め

第3章と第4章では、エクスポージャーに基づく実践や、報酬と罰を与えることが介入における一連の練習過程を容易にさせるであろうということについて述べた。エクスポージャー法に成功した場合には必ず報酬が与えられる必要があり、そして当初望まれていた以上に話をした時はより一層の報酬が与えることが必要であろう。読者は様々なセッションで子どもと向き合うのであろうから、この一連の練習過程を両親のためにモデル化することをお勧めしたい。

子どもには、ステッカーのような単純なものや、賞賛の言葉とか笑顔といったもっと自然な刺激を与えることがよいのかもしれない。言葉の有無に関係なく、子どもが要求通り読者とかかわりをもつことを拒否する場合は、罰を与えてエクスポージャー法に基づく実践を進めることが必要である。代替行動も介入が進むに従い無視する必要がある。

嫌子消失による強化（逃避）

　反抗的な行動を伴う場面緘黙児に対する別の行動的技法として、「嫌子消失による強化」というのがある。嫌子消失による強化というのは、嫌悪的な刺激を取り除くことによって行動に報酬を与えるということであった。場面緘黙の場合、（読者の勤務校のオフィスのような）会話のない状況の中に子どもを座らせておき、発声があった段階でその場を離れてよいということにする。したがって、この場合子どもは言葉を発することによって退屈でしかもかなりストレスのかかる状況（嫌子）から逃れる機会が与えられることになる。ただし、このプロセスは数時間続くことがあるだろうし、子どもが言葉を発するという保証もまったくない。嫌子消失による強化（逃避）の試みは、新しい状況で子どもに話をさせることであり、言葉を発することができない場合は子どもが応じるまで時間を延長することで、子どもをベッドルームに送ることにもなる。

　嫌子消失による強化（逃避）は、その有効性がまだ十分に実証されていない。明らかに手間がかかり効果的ではないかもしれない。この方法の最も危惧される点は、子どもがそのプロセスを巧みに耐えとおしてまったく言葉を発しないで終わってしまう可能性があるということである。こうした状況では、実際に話さなくても構わないのだということが強化されてしまう。こうなると、この方法や他の介入方法をこれ以降適用することが難しくなってしまう。なぜなら、大人が苦労して話をさせようとしても、緘黙児はそれをすり抜けてしまうからである。著者のクリニックで話した子どもの中にはなかなか言うことを聞かず、たとえば4時間も難なく耐えてしまった子どももいた。この方法は、成功が完全に確信できる場合にのみ用いるのがよいかもしれない。そうでない場合は、以前に紹介した一般的な随伴性マネジメントをお勧めしたい。

随伴性マネジメントに関連するその他の技法

　随伴性マネジメントを行なっている間、読者は両親が子どもにもっと効果的な話しかけをしたり、混乱したりすることのないように補助したいと思うことがあるかもしれない。このような場合は一般的に2つの方法が非常に有効である。1つ目は、話をさせるとか、雑用を片付けさせるとか、学校の準備をさせるとか、あるいはその他の課題を終わらせるといった、両親が子どもに課題を与える際の話し方を工夫するということである。親の中には子どもを要求に従わせようとして、お金を渡したり、とり決めをしたり、叱りつけたり、説教したり、話を打ち切ったりするといった習慣が身についている者もいる。また、嫌みを言ったり、命令するのに「上着を着てくれないかしら」といった疑問形で伝える親もいる。こうした習慣を次のように改めることをお勧めしたい。

- 子どもにしてほしいと思うことを具体的に伝える（たとえば、「部屋をきれいにしなさい」ではなく「床にある服を拾いなさい」と言う）
- 簡潔で直接的な指示を出す
- 子どもに話しかけたり指示をしたりする時は、真っ直ぐ子どもの目を見る
- 子どもが実行できることを命じる
- 子どもと一緒に課題を行なう（たとえば、子どもと一緒に寝室の掃除をする）
- よく聞く場合には報酬を与え、聞かない場合は優しく諭す

　両親に役立つと思われる2つ目の方法は、特に学校がある日の朝に日課を設けることである。ある家庭では極めて慌ただしいのでこの方法が役に立つだろうし、場面緘黙児を持つ両親は作成する日課が以前わが子にそうするように求めたこと（たとえば、話すことについての特別な状況や結果を生み出すこと）と矛盾していないことに気づくだろう。この目的に向かって、両親と一緒になって、学校が始まる90～120分ほど前に子どもを起床させるという朝の日課を確立させる。着替え、朝食、歯磨きといった朝のすべての準備行動について順序立て、それぞれの課題について時間配分を行なう。たとえば、子どもが朝食を15分で食べ終わることができるのであれば、余裕をもたせて20分程度を考慮する。

また、前の発話のところで述べた特典や罰についても、この朝の日課を守ることができたかどうかということに適用する。
　こうした指示や日課というやり方の目的は、両親が子どもの行動に適切に応え、時にコントロールする技術を両親に提供することにある。うまくコミュニケーションができ、問題解決ができれば、場面緘黙や話すことを嫌がる子どもにより適切に対応できるようになる。このスキルは緘黙の再発を防ぐ効果もある。

本章のまとめと次章の紹介

　随伴性マネジメントは、反抗的な特性を有する場面緘黙児に対処する上での適切な介入方法であり、エクスポージャー法に基づく実践を補完する方法でもある。事実、随伴性マネジメントとエクスポージャー法に基づく実践の併用は、たいていの場面緘黙児にとって有効である。しかしながら、その一方で場面緘黙児の中には、緘黙に加えてコミュニケーション障害や発達の遅れによって話すことが非常に困難になっている子どもたちもいる。次章では、こうしたケースの子どもたちについてより詳しく検討する。

第6章 コミュニケーションに問題を抱える子どもへの支援方略

　6歳になるマークは、人と話すことに大きな困難を抱えている男の子である。学校心理士はマークが場面緘黙児であると思っているが、コミュニケーション能力にも問題がありそうだということである。たとえば、マークの両親以外の人たちには、彼の話を理解することが非常に困難なのである。結論から言えば、マークは両親とはよくささやくような小さな声で話したり、指さしといった非言語的な形でコミュニケーションをとったりしており、両親は息子が伝えるそうした情報を通訳するという習慣をこれまで身につけている。マークは幼稚園にいる間は非常に控え目なおとなしい子どもだったし、他の子どもたちとは決して一緒に遊ぼうとはしなかった。両親と学校心理士は、マークが卒園式を迎える頃になって文字が読めないということを知り、彼の言語能力や話をしようとしないことに危惧を抱くようになった。

　すでに説明したように、マークのように場面緘黙児の中には、話すことができない子どもやコミュニケーションに問題を抱えている子どももいる。そうした子どもたちは話すのが流暢でなかったり、言葉や文を構成するのに困難を感じたり、あるいはコミュニケーションの問題の中でも特に相手の言うことが理解できなかったりすることから、話すことをためらってしまうようなのである。このような場合には、特異的言語発達障害やその他の発達遅滞といったことがあるのかもしれない。こうした子どもたちはまた人と話すことに不安を感じたり、対人相互作用を避けようとしたりする。多少は反抗的な態度を示すこともあるであろうが、コミュニケーションの問題と場面緘黙児の場合は、話すことが予想されるような人や状況から逃避しようとする傾向がみられる。

　マークのような子どもに対する介入の主要な点は、場面緘黙や話すことを嫌がることについて本書で説明されている各種心理療法に加えて、可能と思われ

る基本的な発話や言語障害について治療することである。本章では、まず言語機能障害やコミュニケーション障害の概念について紹介をし、その後で場面緘黙や併存する障害について説明したい。続いて、特定の言語発達遅滞やコミュニケーション障害に対する基本的な介入手順についての概略を述べ、そうした介入が場面緘黙や話すことを嫌がることを扱う各種心理療法とどういったかかわりをもつことができるかということについて説明する。

　特異的言語発達障害やコミュニケーション障害についてすべて述べることは本書の範囲外のことであり、そのため読者はその追加情報として本章で述べられている文献リストを参照していただきたい。また、場面緘黙児の介入に必要な言語プログラムを調整できる言語病理学者に意見を求め、言語障害の治療計画を作成することを強くお勧めしたい。コミュニケーション障害を伴う緘黙児の場合、親やいろいろな学校関係の専門家を含めた総合的な取り組みが最も効果的であろう。

特異的言語発達障害とコミュニケーション障害

　特異的言語発達障害というのは、特に標準的な非言語的な能力に比べて、言語の理解や表出に問題があることを指している。これは、聴覚障害や知的水準の低さといった他に障害がない状態で、標準的な言語検査が低い値を指すものとして定義されている。特異的言語発達障害では、語彙、文法、理解力、読字、言語性ワーキングメモリ、音韻（論）に共通の問題として現れる。特異的言語発達障害は児童生徒の約3〜7％に発生し、女児よりも男児に多く現れる傾向がある。初期の言語障害の多くは年齢とともに解決されるため、多くの子どもの場合は長期的な結果には良好であるが、随伴する読字困難や運動協調性といった問題はあるかもしれない（Bishop & Snowling, 2004; Gathercole & Alloway, 2006; Hulme & Snowling, 2009）。

　特異的言語発達障害については、『*Diagnostic and Statistical Manual for Mental Disorders*＊（邦題：精神障害の診断と統計の手引き）』（第4版）で概要が述べられている様々なコミュニケーション障害と一部が重複している。これらの障害には、表出性言語障害、混合性言語障害、音韻障害、吃音、それに特に他で

述べられていない場合はコミュニケーション障害も含まれる。以下、こうした障害について順を追ってそれぞれ説明を加えることにしよう。

　表出性言語障害とは、子どもの表出性（言葉またはサイン）言語の標準化された検査の得点が、非言語的な知的能力と受容的言語能力の標準化された検査の得点に比べて極端に低い状態を指す（American Psychiatric Association [APA]**, 2000, p.58）。こうした表出性言語障害児の場合は語彙の不足や文構造の脱落が目立つし、また言葉を思い出したり、長い文や複雑な文を作ったり、正しい時制を使ったり、流暢に話したりすることに問題を抱えている。こうした問題は社会的コミュニケーションと教科学習や職業の達成の妨げとなり、混合性言語障害や広汎性発達障害の基準を満たしていなくても、もし知的な遅れなどの障害がある場合は、言語の問題が大きくなる。表出性言語障害の場合は、正常な発育の過程で発生することもあるし、生涯続くこともあるかもしれない。

　混合性言語障害とは、子どもの受容・表出言語の標準検査値が、非言語的知的能力の標準検査値に比べて極端に低い状態を指す（APA, 2000, p.62）。こうした子どもの場合は、顕著な理解力の欠如に加えて表出性言語障害に似た特性を見せることがある。理解力の不足というのは、話しかけられると混乱したり、単語や文の意味の理解に難しさがあったり、聴覚処理に問題があったり、注意力がなかったり、あるいは無愛想や引きこもりといった形で現れたりすることがある。こうした問題は社会的なコミュニケーションと教科学習や職業の達成の妨げとなり、混合性言語障害や広汎性発達障害の基準を満たしておらず、知的な遅れなどの障害が現れると、言語障害はさらに重篤になる。混合性言語障害の場合は、正常な発育期の後に発生することもあるし、生涯続くこともあるかもしれない。

　音韻障害というのは、年齢相応の発音や方言がうまく言えない状態を指す

［訳者註］
* **DSM（Diagnostic and Statistical Manual of Mental Disorders）**：アメリカ合衆国における精神障害の診断と統計の手引き。現在、第5版まで発行されている。
** **APA（American Psychiatric Association）**：アメリカ精神医学会。アメリカ合衆国における医学者や精神科医、あるいは精神科領域をも専門とする内科医の学会。DSMを発行している。

(APA, 2000, p.65)。音韻障害児は、発音や言葉の使い方や文の構成で誤りをしたり、あるいは単語の最後の子音のような音を省いたりする。また、舌足らずな発音をしたり、言葉の組立が拙かったり、分からないことを話したり、発音を混同したり、不自然な抑揚をとったりする。こうした問題は社会的コミュニケーションと教科学習や職業の達成の妨げとなる。これらの症候が現れる言語障害は知的障害を背景とすることを想定しなければならない。

　吃音とは、子どもの年齢に応じた話し方という点で、流暢さや時間がかかるという問題を抱えている状態を指す（APA, 2000, p.67）。こうした状態の子どもは、ある音や単音節の言葉を何度も繰り返したり、長くひき伸ばしたり、感嘆詞や滅茶苦茶な言葉を使ったり、しばしば話を中断したり、難しい言葉を避けたり、話をする時に身体をひどく硬直させたりする。こうした問題は、社会的コミュニケーション、教科学習や職業の達成を阻害する。運動性言語または知覚の欠損が現れると、言語障害はさらに重度になる。最後に、その他のコミュニケーション障害というのは、上述の障害の基準に該当しないコミュニケーション障害を指している。

コミュニケーション障害と場面緘黙

　一部の研究者は、コミュニケーション障害と場面緘黙との関係について言及している。ある研究グループは130名の場面緘黙児を調査し、43.1％が不安やコミュニケーション障害、特に表出能力や受容能力に問題があることを見出した。このグループの場面緘黙の程度は、純粋に不安や反抗的な行動だけが見られるグループに比べて症状がより深刻であったが、表出性・受容性のコミュニケーション障害については、混合性言語障害と診断されるほど顕著なものではなかった。つまり多くの場面緘黙児がコミュニケーションにやや問題を抱えていることを示唆していた（Cohan et al., 2008）。クリステンセン（Kristensen, 2000）は、場面緘黙児の30～65％が言語障害または言語発達遅滞であると推定している。

　他の研究者たちは、場面緘黙と表現力の不足、表出性言語障害または音韻体系の遅れ、吃音、聴覚の言葉による記憶の問題などのコミュニケーション障害

が伴うと考える研究者もいる。また、場面緘黙とともに、青年期のアスペルガー症候群や他の発達障害のような発達の遅れに注目している研究者もいる（Kristensen & Oerbeck, 2006; Remschmidt et al., 2001; Steinhausen & Juzi, 1996）。場面緘黙児の多くは学習や読字の問題をかかえていたり、学校で特別な授業を受けたりしている（Bergman, Piacentini, & McCracken, 2002）。第2章で述べたように、場面緘黙と思われる子どもの評価には、発話能力や言語能力の評価も含めることが必要であろう。

コミュニケーション障害への介入

これまでコミュニケーション障害を治療するために様々な介入方法が考えられてきているが、こうした方法は受容性の統語、音韻、語彙、および表出性の統語や音韻といった点で優れた効果をあげている（Law, Garrett, & Nye, 2004）。本節では、就学前と就学時の子どもたちに共通する言語介入について概説する。ここでは概要の説明に留めるが、詳細については言語病理学者の話を聞くかあるいは本書に紹介されている巻末の文献リストを参照されることをお勧めする。まず、場面緘黙や話すことを嫌がる子どもに言語トレーニングを併用した話から始めてみよう。

　幼児を対象とする言語介入の一般的な方法には、子どもがコミュニケーションをとろうとする試みに適切に対応したり、そのスキルを強化したりするための親や先生といった大人の教育も含まれている。親と先生に対しては、モデルの提示、発音の修正、コミュニケーションをとろうとする子どもの試みの発展などについて指示することができよう。幼児が意思を伝えようとした時には、親や先生は微笑んでみせたり、幼児の話す行為を褒めたり、正しい話し方のモデルを示したり、構文や意味情報について修正を加えたり、子どものアイディアを発展させたりすることができる。たとえば、子どもが"coo-ee ee"（cookie eat：クッキーを食べる）と言った場合には、両親は正しい発音をして見せ（COOK-EEE）、文法を正し（eat a cookie：クッキーを食べる）、文章を構成する（You want to eat a cookie：あなたはクッキーを食べたいと思っている）（Warren & Yoder, 2004）。

　幼児のコミュニケーション能力を高める他の一般的な方法は、直接言葉を教

えるというやり方である。これは大人が主導する方法であり、幼児に発声させる直接的な刺激（プロンプト）を与え、強化し、何度も繰り返しながら、言葉を正確に発音するといったような介入の具体的な目標を達成する。たとえば、先生が幼児に小さなクッキーを見せて「クッキー」と発音するよう指示し、正しく言うことができた場合には報酬（好子）を与える。応用行動分析*による直接的な言語指導には、様々な段階の介入方法がある。一般にこの手法では、動作模倣や社会的な遊びだけでなく、最初は非言語的な要求に焦点を当てる。次に、品物や行動を分類するといった受容性言語に注目する。そして次に、子どもが対象を分類し、単語や短い文を構成し、他者からの質問に答えるといった社会的な話し合いに携わっていくにつれて表出性言語が強化される。最終的には、計算や朗読などの教科学習の中でのコミュニケーションに加えて、トイレを使用してよいかどうかといったことを尋ねるような自立的なコミュニケーションを目指す。幼児に言語を直接教えることは効果的ではあるが、これには子どもの集中力や他者に対する言語の般化、そしてより自然な場面設定が必要となる。幼児に対する効果的な言語トレーニングについては、幼児や大人がそれぞれ主導する方法を併用する形がある（Sallows, 2005; Warren & Yoder, 2004）。

　コミュニケーション・スキルを教えるということの欠点は、幼児が話し始めるか、誰かの話をまねるまで待たねばならないということであろう。したがって、比較的もの静かな子どもの場合は、ほとんど大人の意見を聞こうとしないことになる。こうした問題を解決するには、話すように促す間接的・直接的プロンプトを両親と先生が用いるとよいかもしれない。間接的なプロンプトとしては、子どもが話しやすいように環境を整えることである。たとえば、わざと子どもに見えるようにカウンターの上にクッキーを置いたり、子どもが求める物を描いた絵を用意したり、あるいは子どもと一緒に歌を歌ったり、人形を用いたりしてもよいだろう。また、先生は子どもの気持ちをそそるようないくつかの遊びを用意することもできるだろう。直接的な方法には、「今日はどういうことを

［訳者註］
*応用行動分析：心理学のひとつの領域。行動を分析する心理学である行動分析学の応用領域。応用行動分析では、行動を個体と環境の相互作用の結果生じると捉える。本書では、好子出現の強化、嫌子消失の強化、罰などが技法として紹介されている。

しようか」といったようなはい・いいえで答えられない質問で、具体的に話を求めるといったことも含まれる(Gallagher & Chiat, 2009; Webb, Baker, & Bondy, 2005)。

　直接指導に関連する方法としては、主に自閉症児向けに考案されたTEACCHモデルがある。この方法は、どのように世界がつくられ・予測することができるかということを子どもに理解させるのに役立つ。こうした支援を通じて、子どもは、学校における言語療法などの学習活動に自然に参加できるようになる。視覚や空間的な刺激についてもまた、自分が今どこにいるのかとか、何をすることになっているのかとか（時間の長さとも合わせ)、この課題がいつ完了するのかとか、次に何が起こるのだろうか、といったようなことを子どもに理解させるように設定される。この方法の重要な点は、受容・表出言語の型通りの訓練に加えて、自発的なコミュニケーションに重点を置いていることである。たとえば、子どもは、「トイレ」といったような大事な言葉を実生活の状況で使うことを学習することができる。こうした手法は発話の般化を強化することにもつながる（Mesibov & Shea, 2005）。

　言語介入の他の一般的なモデルとしては、子どもの感情や他者との関係を重視する方法がある。このモデルは、母子間の自然な相互交渉、感覚運動、空間活動、それに包括的な会話、作業療法、必要である場合は特別支援教育といったような毎日20〜30分集中的に家庭で行なうセッションに焦点を当てている。この介入は子どもの感情に合わせられるため、控え目な子どもでも積極的にかかわるよう励まされる。また、具体的な方法については、児童のコミュニケーション能力のレベルに合わせることもできる。たとえば、他者が始めるコミュニケーションにより敏感に反応する年少の幼児に比べると、年長の子どもの場合はもっとうまく相互交流に携わることができる（Greenspan, 2005）。

　研究者の中には、聴覚処理能力の未発達が言語障害の原因であり、そのことで発話や言葉のニュアンスを識別したり、はっきり考えを述べたり、読みとりをしたりすることが困難なのだと考えている研究者もいる。こうした前提に基づいた言語介入の場合では、話し言葉における音素についての認識、どのように文が構成されて表現されているかという論理的思考、発話や他の課題に関する情報がどのように保持され操作されているかという言語性のワーキングメモ

リ、そして速い音や連続音のような音響信号の識別ということに重点が置かれている。コンピュータを使用した訓練では、統語と意味論のスキルに加えて、音素を聴き分ける練習をする。たとえば、音声トレーニングは、子どもに語中の具体的な音素を聞き分けさせたり、最初や最後の子音のみが異なっている言葉を区別させたりするのに役立つだろう。ここでは子どもの気が散らないように周囲の環境へ配慮する必要がある（Madell, 2005; Miller, Calhoun, Agocs, Deley, & Tallal, 2005）。

　言語介入のリンダムード・ベル・プログラム（Lindamood-Bell program）もまた大変よく知られている方法である。このプログラムは、音素認識とシンボルの心象（音素を形成している文字の心象）が良好なコミュニケーションや読字の上で重要であるという考えに基づいている。言葉の訓練では、子音と母音、それにはっきりした発音について子どもに質問したり、音素を表示したり、音節の中の音を認識したり、配列したりすることに焦点を当てている。このプロセスを容易にし、自身の間違いに気づきやすくする方法として、写真や創造的なラベル、ブロックといったものがしばしば用いられる。子どもたちの中には、このプロセスを行なう前に心象や言語理解のトレーニングを行なう必要がある者もいるかもしれない（Bell, 2005; Lindamood & Lindamood, 2005）。次節では、コミュニケーション障害と場面緘黙への介入がどのような形で統合されるかということについて述べてみたい。

コミュニケーション障害と場面緘黙の総合的な介入

　軽度のコミュニケーション障害を伴う場面緘黙児には、この両方の問題をとり扱う総合的な手法を用いると効果がありそうである。しかし、中には広範囲に渡る言語への介入が必要であるなど、場面緘黙の治療を試みる前に他の介入が必要であったりする子どもたちもいるということに留意してもらいたい。場面緘黙児に重度の言語障害や発育の遅れが見られる場合、まず言語の基本的な訓練やセルフケアスキル・トレーニングの導入が必要であるかもしれない。こうしたケースでは、当然介入について発達の専門家と調整することが必要であろう。また、重度のコミュニケーション障害を合わせもつ場合では、緘黙の治

療が長期化することもある。

　中程度のコミュニケーション障害や発達の遅れを伴う緘黙児もいる。また、場面緘黙児には、アスペルガー症候群＊（自閉症）も多く見られる。通常アスペルガー症候群をもつ子どもの場合は、ソーシャルスキルが大きく欠如していることがあり、奇妙な行動、同じ行動の繰り返し、儀式的な行動、協調性の問題などが現れ、言語の文脈を理解できないことが多い。このような子どもは人と目を合わすことができず、表情が乏しく、相手が示すボディランゲージや発言の微妙なニュアンスを汲みとることができない。そのため、自閉症児は引っ込み思案で寡黙なために、場面緘黙と診断されることもある。中程度のコミュニケーション障害と発達の遅れを伴う場面緘黙児は、本書で紹介した技法とともに、言語能力やソーシャルスキルを訓練するとよい。次節では、そうした総合的な手法を紹介する。

エクスポージャーにもとづく介入法

　エクスポージャー法は場面緘黙のための主要な治療法であり、これについてはすでに本書の前半（第3章と第4章）でかなり詳しく紹介した。エクスポージャー法は、応用行動分析を基礎とする言語介入プログラムと共通する点が多い。応用行動分析に基づく言語介入では、発話の直接的な促し、強化、集中的訓練、具体的な目標設定といったことが含まれている。こうした手法はエクスポージャー法にも応用される。つまり、大人が様々な場面で子どもに話すように促したり、頻繁にはっきりした話をするという目標を満たした場合には報酬を与えたり、エクスポージャー法を定期的に実施したり、さらには、クラスメイトに対して大きな声で朗読したり、新しい友達と会話を交わしたりするといったような明確な到達目標を設定することである。

　言語介入のためのエクスポージャー法と応用行動分析は、漸進的なモデルを採用するという点でも共通している。エクスポージャー法と応用行動分析は、

［訳者註］
＊アスペルガー症候群：DSM-Vにおいて、アスペルガー症候群は自閉スペクトラム症（Autism Spectrum Disorder: ASD）に含まれることとなった。そのため、アスペルガー症候群の名称そのものは記載されていない。

言葉を細分化し、はっきりした発音で頻繁にしかも聞きとりができるような大きな声で話すという最終的な目標に向かう、話すことへの一連の練習過程を強調する。そうすることで緘黙児は適切に管理された状態で成功を積み重ねながら、目標に向かって一歩一歩進むことができる。たとえば、エクスポージャー法について第3章と第4章で述べた階層の作成と継続的なステップのことを思い出してほしい。

　場面緘黙のためのエクスポージャー法と言語発達のための応用行動分析プログラムは、具体的にどのような形での併用が可能なのであろうか。言語発達のための従来の応用行動分析プログラムは、マッチング、動作模倣、遊び、受容言語、言語模倣、表出言語、分類、初期作文、社会的発話、初期学習、セルフケアスキルといった多くの段階をとおして進められる（Sallows, 2005）。エクスポージャー法の様々な点は、こうした段階のそれぞれに組み入れることができる。

　マッチングというのは、注意を払ったり、親や先生などの指示に従ったりする基本的なスキルの強化のことを指している。模倣は、遊びの中で子どもが単純な行為をまねることであり、この場合もまた注意したり従ったりすることが求められる。マッチングと模倣は、早期の家庭訪問におけるエクスポージャー法でお勧めしたものと同じある（第3章参照）。エクスポージャー法において緘黙児と初めて接する時は、親密な関係を形成することが大切である。注意、応諾、身体模倣といったような具体的な相互交渉の能力に焦点を当てることが実際に親密な関係を築くことになろうが、これはまた言語発達の次の段階を容易にし、場面緘黙を解消することにもつながることになる。

　言語発達を目的とする応用行動分析の遊びの段階では、発声または初歩的な言語化を誘発する行為をまねるよう子どもに求める。たとえば、お気に入りの歌の一部をハミングするか口ずさむ、欲しい物に名前を付ける、あるいは「やぁ」と子どもに挨拶して子どもの応答を引き出すといったことが挙げられる（Shallows, 2005）。エクスポージャー法では、子どもの不安を解消するために、1つないし2つの単語を発話するように求めるが、応用行動分析における遊びの段階は、このプロセスに相当する。子どもは最初、かろうじて聞きとりができる小さな声で話すが、これが後に最大音量の話し方に変わる。この段階で

は、言語発達や大きな声で話すことがいかに骨の折れる作業であるか、ということがお分かりであろう。

　シェイピングが始まるのもまたこの段階である。たとえば、"mmm" と子どもが発声したら、"Ma" の言葉が言えるように "ah" の音を付け加えるように言うことができるだろうし、ある音節や音素を何度か繰り返すように求めることもできるだろう（例：ah-ah-ah" や "ma-ma-ma" など）。また、指導者が音素列を示して子どもにまねさせ、上手に発声できたらその場で報酬を与えるということもできる。こうした方法で音素を少しずつ増やしていき、最後に1つの言葉を作らせるようにする。理想を言えば、こうした言葉は、緘黙児が欲しがっている玩具やクッキーを表現するラベルであることが望ましい。つまり、こうした言葉はできるだけ多くのコミュニケーション価値と機能をもっていることが必要なのである。両親などは、1週間を通じてこうした音素列の練習を行なったり、ラベルづけを行なわせたり、報酬を与えたりすることが必要であろう。

　受容言語もまた応用行動分析の主要な目標であり、「座りなさい」「立ちなさい」「玩具を拾いなさい」というような指示を子どもに注意して聞くようにさせたり従わせたりする。このプロセスを強化するために、身体的なプロンプトを使用することもできよう。たとえば、指導者が「座わる」と言いながら実際に床に座ってみせる。このように受容言語を発展させることで、不安を示している身体的な反応を抑制するために、子どもに筋弛緩や呼吸法（第3章参照）を用いるように教えることでうまく併用することができよう。これらの方法では、子どもがはっきりと言葉で話すことは必要ないが、集中する、指示に従う、まねるといった受容能力が必要となる。したがって、受容言語能力や不安管理能力を向上させるには同時に導入することが望ましいであろう。

　直接的な身体プロンプトは、幼児に発話を促す際に必要であるが、先に述べたように、言語発達を目的として、間接的なプロンプトを用いることを推奨する研究者もいる。間接的なプロンプトには、子どもが発話しやすいように環境を変えることが含まれる。子どもの目に留まるように、クッキーをカウンターの上に置いた前述のケースを考えてみるとよい。間接的なプロンプトの使用は、第3章と第4章で説明したちょっとしたエクスポージャー法とよく似てい

る。ちょっとしたエクスポージャー法では、子どもの発話を促すために、自然に発生した状況を利用する。たとえば、電話が鳴ったら、子どもに答えさせたり、教会で会った人々に挨拶させる。言語発達と場面緘黙の解消に共通する考え方は、発話の明瞭度、流暢性、頻度を向上させる機会を常に利用するのである。親と先生は、こうした機会を適切に利用し、介入に成功すれば、緘黙がぶり返すことを防げるようになる。

　発話と受容能力が向上したら、語彙を増やして、より抽象的な概念を表現させる。この段階の子どもには、欲しい物について、その色や大きさや種類などを詳しく話すよう求める（Sallows, 2005）。多くの情報を提供させることは、エクスポージャー法において、1つの単語から短い文章を構成する一連の練習過程に相当する。たとえば、クッキーを欲しがる子どもには、どんなクッキーが欲しいのか、チョコレート・チップかオートミールかシュガー・クッキーか質問する。ただし、この段階のエクスポージャー法では、クッキーを指さすことは許さず、単に「クッキー」と話すことも認めない。子どもには、「シュガー・クッキー」または「シュガー・クッキーが欲しい」とより詳しく言わせるようにする。

　治療の初期における会話では、文の複雑さ（言語発達）だけでなく、頻度と明瞭性（場面緘黙の減少）に報酬を与える。そして、より社会的な交流に近づけていく。たとえば、第3章で説明したように、子どもたちには、ペット、家族、玩具など、自分が最も楽しいことについて話すように促す。そうした練習を繰り返すことで、社会的な状況での会話の般化を促進し（言語発達）、様々なことを話したいという気持ちが生まれ、話すことに対する不安が解消されていく（場面緘黙の解消）。

　応用行動分析に基づく言語発達の後半段階では、より多くの子どもたちとの交流、教科学習（アカデミック・セッティング）、そしてセルフケアが課題となる。この段階は、最終的に、地域や学校場面でのエクスポージャー法が実施される。場面緘黙児は、より多くの仲間と会話し、授業やグループ活動に参加して発言し、トイレに行ってもよいかなど、自分の要求を先生などに尋ねるようになる。この段階では、刺激が減ることが特に望ましい。話し相手となるクラス

第6章　コミュニケーションに問題を抱える子どもへの支援方略　149

メイトの数を増やして刺激が増すと、言語発達がより促され、場面緘黙は減少する。場面緘黙児には、話の内容についてコメントするとともに、その頻度と明瞭性についても言及する。言語発達を促し、場面緘黙のぶり返しを防ぐには、こういった作業を継続する必要がある。

セルフモデリング

　前章で述べたように、セルフモデリングというのは、場面緘黙児が家庭のような居心地の良さを感じる場所ではっきり話したものを録音か録画をしておき、それを学校の職員室のような子どもが寡黙になりがちな状況で再生するといった方法であった。その際、子どもが話す声の明快さや大きさや美しさを褒めたり、具体的な報酬を与えたりする。セルフモデリングは、様々な言語介入プログラム、特に構音能力を改善するプログラムと併用することができる。
　前にも述べたように、子どもたちには発話やその微妙なニュアンスの違いを識別したり、考えをはっきりと表現したり、文字を読んだりすることが難しいことがある。音素認識、つまり音素を聴きとったり認識したりする能力あるいは音素の処理能力は、こうした子どもの発達に必要な大事なスキルである。したがって、子どもは様々な音素を混ぜ合わせたり、順番に配列したり、"set"と"sit"のようにほんのちょっとした違いが識別できるように教えられる。ここで大切なことは、母音や子音を学んで明瞭に発音できるようになり、"t"と"k"などの停止音や"m"と"s"などの連続音を識別できるようになることである。音素認識を強化するために、これまでに様々な指導プログラムが開発されてきている。
　セルフモデリングは、音声の質だけでなく、会話能力についても子どもにフィードバックする方法を提供してくれるという点でも有用である。指導者はセルフモデリングを継続して行なっている間に少しずつ子どもがある一定の単語を明瞭に発音できるようになっていることに気づくであろうが、そのことを見極めて子どもを褒めることが必要である。セルフモデリングはまた子どもの話し方の特定の面についてフィードバックをしてくれ、指導者のオフィスで一言ないし二言、明瞭に発音させる機会を与えてくれる。たとえば、ある特定の言

葉を子どもが言うのを見ていて、わざと分からないふりをして、もう一度その言葉を繰り返すように求めることもできよう（その際聞きとりにくかったことを録音機器のせいにするようにお勧めしたい）。このやり方は、言語の構成と同時に、場面緘黙を少なくする上で役立つ。セルフモデリングはまた、子どもが望む場合はビデオを撮って、話の誤りを修正する機会を提供してくれる。

　また、セルフモデリングは吃音(きつおん)の改善にも役立つであろう。吃音(きつおん)への介入では、音節ごとに引き伸ばして発音したり、呼吸量を改善したり、話す速度を遅くしたり、そして流暢に話させたりする。セルフモデリングは、子どもが流暢に話をする練習をさせ、その努力と成功に関するフィードバックと適切な結果が提示される。また、吃音(きつおん)への介入には、エクスポージャー法や筋弛緩訓練、それに呼吸法にうまく適合した不安のコントロールも含まれている。

随伴性マネジメント

　随伴性マネジメントは、言語発達や場面緘黙の治療に重要な手法である。言語障害をもつ子どもの場合は、より明瞭な構音、流暢さ、理解力、音韻に対する注意深さ、そして特に練習や努力などが強化される。そして、場面緘黙児の場合は、より流暢でしかも明瞭な話し方、他者との会話、そしてやはり練習や努力などが強化される。コミュニケーション障害や場面緘黙が見られる子どもの多くは、言語課題を果たすことや話ができない状態を変えることに対する特別な報酬を得ようと喜んで応じるであろう。しかし、中にはより慎重な対応が求められるケースもある。たとえば、アスペルガー症候群の児童の場合は、流暢さの練習をしている時や目でアイコンタクトをとっている時の母親の賞賛にはよく反応するかもしれないが、クラスメイトと活発な話をするということに対してはもっと効き目のある具体的な報酬が必要になるかもしれない。

ソーシャルスキル・トレーニング

　コミュニケーション障害を伴う場面緘黙児の多くは、またソーシャルスキル・トレーニングが効果的であろう（第4章参照）。ソーシャルスキル・トレーニングは、特にアスペルガー症候群や社会的相互作用が限定されているコミュ

ニケーション障害をもつ幼児や年長の児童に対して有効であるかもしれない。場面緘黙児の場合と同様に、コミュニケーション障害や発育に遅れがある児童向けのソーシャルスキル・トレーニングは、視線を合わせるといった小さなスキルから始め、他者のリクエストに答えるといった一段上のスキル、そして会話を始めたり持続させたりするより幅広いスキルへと徐々に進めていく段階的なモデルに従う。

認知療法

　第4章で説明したように、認知療法というのは、場面緘黙児が言葉を話し始めたり、自分の話し方に対して他人がどのように反応するかということについて関心を示すことができるようになったりした場合には有効であろう。認知療法の基本的な原理はまた、コミュニケーション障害のいくつかの制限された場面にも適用できるであろう。コミュニケーション障害、特に吃音（きつおん）が見られる子どもの場合は、自分が話したことに対して他者がどのように反応するかということを非常に気にするものである。こうした場合は、その子どもの具体的な不安や、その子が話した後で起こる否定的な出来事の可能性（多分低いと思うが）についての話し合いをするとよいかもしれない（第4章の具体的な質問と提案を参照）。ただし、クラスメイトの嘲笑や仲間外れについての実際的な事態に対処しなければならないことがあるということを留意すべきである。

本章のまとめと次章の紹介

　コミュニケーション障害と場面緘黙は同時に治療できる。本章では、その基本的な考え方を説明したが、コミュニケーション障害を伴う場面緘黙児には高度に個別化された方法が必要である。すでに述べてきたとおり、こうした子どもたちには複数の手法を総合的に適用することを強く推奨したい。次の最終章では、場面緘黙児に対する介入技法や緘黙のぶり返しを防止する方法についての提案と、こうした場面緘黙児に時々発生する特別な問題について述べたい。

第7章 ぶり返し*防止、他の介入および特別な問題

　8歳になる女の子カーソンは、小学3年生の初めに場面緘黙と診断された。彼女は学校では誰とも話をしようともしないし、クラスメイトや同級生が周りにいると特に不安な様子だった。学校では担任の先生や大人に話しかけられる方が、彼女には気楽な態度でいられるように見えた。カーソンの学校の学校心理士やカウンセラーは、いろいろな状況でカーソンにもっと気楽に話をさせ、ソーシャルスキルを向上させ、そして不安管理**スキルを教えることに1年間ずっと努めてきた。家庭での両親の支援や助けを受け、彼女は次第に学校で他の子どもたちに対しても話しかけるようになり、休み時間にも友だちと一緒に遊ぶことができるようになった。カーソンは教室にいる他の子どもたちに対して大きな声で物語を読み聞かせることができるようになったし、友だちも何人かできてグループ活動での話し合いに参加できるようにもなった。

　カーソンのような子どもたちには、数ヵ月の教育的な介入を全力で行なう必要があるように思われる。場面緘黙児や話すことを嫌がる子どもたちに対する教育的介入の場合は、労力や時間がかかるし、組織だった規則正しい方法が必要になろう。したがって、著者らは、これまで果たしてきた教育的介入の成果を、今後もしっかりと維持したいと願っている。場面緘黙児、特に重度の場面緘黙児の多くは依然として比較的行動が内気ではあるが、それはそれで構わないであろう。しかしながら、危険なのは、こうした子どもたちが話をせずに代替行動をとるなど、以前の習慣に戻ってしまって、遊ぶ頻度が少なくなったり

[訳者註]
＊**ぶり返し**：支援によって話すようになった場面緘黙児が、話す代わりに代替行動を用いるなどのちょっとしたミスを繰り返して、以前の状態に戻ってしまうこと。
＊＊**不安管理スキル**：筋弛緩や呼吸法などによって、不安が限度をこえないように管理すること。

社会的な言語活動をしなくなったりする傾向があるということである。それに、両親や先生までもが不適切な代替行動や他の行動を賞賛するという以前の習慣に戻ってしまい、せっかく発達し続けている健全な発話やソーシャルスキルを無視してしまう可能性があるということである。

本章の冒頭部分では、ぶり返しの防止や子どもの発話やソーシャルスキルが健全であることを確認する上で必要な読者が考慮すべき方法について述べている。また、本章には、本書で重点を置いている行動的技法と関連して、その使用が可能であると思われる介入技法について要約して述べている。そうした技法というのは、集団・家族療法、薬物療法、それにインターネットベースの介入である。また、こうした子どもたちにしばしば発生する特別な問題やそうした問題のとり扱い方については、項目に分けて述べている。こうした問題では、バイリンガリズム（二言語の常用）、難しい親、合併症、知的あるいは他の発達の遅れをとり上げている。

ぶり返し防止

私たちは、カーソンのような子どものためにこれまでの成果を維持したいと願っており、そのためにはぶり返しを防ぐ積極的な技法をとることが必要である。子どもがその行動で退行しているかどうかを考える最初の段階では、そうした退行がちょっとしたミスなのか、あるいは事実上ぶり返しとなっているのかどうかということを判断することである。ちょっとしたミスというのは、特定の日に先生の質問に答えるのを拒否したり、昼食中に同級生を避けたり、言葉を使わないで指さしでコミュニケートしようとしたりするなど、話ができないとか拒否するといったちょっとした退行が見られることをいっている。こうしたちょっとしたミスの場合は特に休み明けのような時に頻繁に見られることなので、問題が悪化しない限りそれほど問題視する必要はないであろう。通常こうしたちょっとしたミスについては、子どもにより頻繁にかつ聞きとれる声で話をさせるために用いられているストラテジーを、新たに実践することで素早く対処することができる（第3～6章参照）。

両親や先生、それに支援者などはこうしたミスが現れると、子どもたちが

「出発点」に戻ってしまったと考えて時には落胆してしまうことがあるかもしれない。しかしながら、場面緘黙児や話すことを嫌がる子どもの場合は生来内気な傾向があるし、こうしたことは劇的に変化するものではないということを忘れないことである。ちょっとしたミスが発生したということは、両親も先生も支援者も介入の取り組みをさらに強化し、お互いによく意思の疎通をはからなければならないことを意味している。授業で子どもを指名したり、子どもの引きこもり行動に対するフィードバックを行なったりすることも含め、現在進行中の介入計画や自発的なエクスポージャー法を用いることは重要である。両親や先生は日常報告カードシステム（第5章参照）を継続しながら、子どもの発話と発話の失敗に対する随伴性を維持・修正し、不安管理スキル、ソーシャルスキル、そして介入に関連するその他の練習を子どもにさせるべきである。

　しかし、こうしたちょっとしたミスが蓄積し、強まり、そしてもしかするとぶり返しにつながることもあり得るだろう。こうした場合のぶり返しは、元の問題へのより重大な逆戻りになってしまう。もしカーソンがある日学校で話すことができなかった場合はちょっとしたミスとなり得るが、こうしたミスについては彼女にクラスで文章の一節を朗読させたり、休み時間に声をかけて一緒に遊ぶ仲間を探すように励ましたりすることで対処することができるであろう。カーソンがこうした促しや他の技法にも反応しなかったり、1ヵ月くらい悪化したままの状況でいたりする場合は、中等度のぶり返しであるかもしれない。ぶり返しは、中等度や重度になることもあるが、いずれの場合であっても積極的な防止が望まれる状況である。以下では、防止策の実践について述べてみよう。

介入後の注意

　子どもが様々な状況下でより頻繁にしかも聞きとれる声で話し始めた時、両親や学校関係者たちは自分たちがうまくやり遂げたことに安心感を覚えるだろう。この時点では、子どもが他の人の助けがほとんどなくとも、自分自身で自然に話し続けるようになるだろうと思いたくなるが、それは大きな間違いである。介入の最後の段階をうまくやり遂げたと思った瞬間から、ぶり返しの予防

を始めることが必要である。読者や両親、それに関係する先生たちには、子どもが様々な状況でより頻繁に、かつ聞きとれるように話す上で非常に役立った注意点や技法のリストを作成することを勧めたい。

この場合、子どもにとって特に重要だった2～4つほどの技法やアイディアに焦点を当てることが多い。例としては、様々な地域や学校で現在行なっているエクスポージャー法や不安管理スキルの実践、効力を有する報酬や罰（消去を含む）の管理、それに子どもの発話や言語発達プログラムの継続といったことが挙げられる。両親、先生、子ども、それに他の関係者たちは、このリストを絶えず身につけて持ち歩き、ちょっとしたミスが生じた時には参照することが必要であろう。

著者はまた、正式な介入終了後の少なくとも数ヵ月間は、子どもの不安の程度や1日に話した言葉の数を毎日モニターして記録し続けるということを強く勧めたい。第2章で紹介した記録様式を見てほしい。ここでの考えは、公の場での自発的な発話が常にモニターされているということを、子ども自身が知っていることが必要であるということである。継続して行なっているモニタリングはまた、子どもが発話のなかった以前の行動に戻っているかどうかということに対しても役に立つ情報も提供してくれるであろう。

介入で用いた技法の練習

両親や先生たちの多くは、子どもに対して頻繁に聞きとれる声で話させようとする技法を実践し続けるが、そうしない両親や先生もいる。一部の両親や先生は、いったん子どもが様々な状況や以前困難だった状況で話す様子を見せると、当然安心する。親と先生は他の多くの事柄に気をとられるようになり、場面緘黙に取り組むために必要な集中した介入技法にあまり注目しなくなる恐れがある。大人の場合には、子どもの話そうとする意欲を当たり前のこととして受けとる傾向があるかもしれない。

両親と先生は、介入終了後でも継続的な介入の実践や不断の用心が将来的な問題を予防する上で最善の方法であるということを理解しておく必要がある。両親は、自然なエクスポージャーや随伴性マネジメントといった子どもの発話

を促す上で有効な技法の実践を継続することが必要である。また、先生の場合、子どもの不安や毎日の発話レベルをモニターし、子どもに言語刺激を与えることを含む活動を実行し続けることが必要である。同級生もまた、積極的に子どもとの会話をし続け、遊びに誘ったりすることになるだろう。

　読者、両親、それに先生たちは、正式に介入が終了した後も最低数ヵ月間、お互いの間で緊密な連絡をとり合う必要がある。緊密なコミュニケーションについては、日常報告カードシステム、毎月予定されているミーティング、定期的な電子メールや電話による連絡といった形で行なうことができる。こうしたコミュニケーションについては、子どもの苦手としている困難な領域と検討されることが必要な新たな状況や妨害要因に加えて、随伴性の利用法やタイプなど、現在実践しているものをどのように微調整したらよいかという点に焦点を当てる必要があろう。例としては、広範囲に及ぶ補充学習の仕上げをしたり、以前は避けていたような課外活動に子どもを参加させたり、子どもが新しい交友関係を築き上げるのを手伝ったりするといったことが挙げられよう。

頻繁かつ聞きとれる発話に対する新たな阻害要因の調査と取り組み

　子どものちょっとしたミスやぶり返しは、支援技法の実践の失敗ではなく、最近起きた生活の変化によるものかもしれない。ちょっとしたミスやぶり返しは重大な家族の変化、学習上の問題、同級生との揉めごと、あるいは他の新たな困難の結果として起こり得る。様々な状況下での発話の新たな阻害要因を調査し解決するために、定期的に子どもと話し合うことを勧めたい。

　その子どもに適切なコミュニケーションの妨げとなるような精神疾患がある場合は、学校における学習支援や学外のメンタルヘルスの専門家への紹介（第1章参照）が必要であるかもしれない。

　場面緘黙に関するちょっとしたミスやぶり返しについてもまた、子どもが話さないことに新しい強化子を偶然受け取ってしまうことでも起こり得る。この場合、両親や読者は新しい報酬源を設定して問題を解決する必要があるだろう。たとえば、カーソンは、彼女の緘黙歴についてよく知らない学校の人物が、彼女が代替行動を用いてコミュニケーションをするのを許可してくれるこ

とに気づくかもしれない。あるいは、両親は子どもを社会的なイベントに参加させないことで、その子の不安の一時的な歯止めに応えようとするかもしれない。また同級生は、その子のために話すことで、場面緘黙の前段階の子どもが社会的状況を切り抜ける「手助けをする」といったことがよくある。話すことができないということに対する報酬は排除する必要がある。

新学年の始め

過去に場面緘黙症だったり、話すことを嫌がったりしていた子どもの場合は、夏休みのような長期にわたる休み明けに、規則正しいパターンの発話やソーシャルスキルをとり戻すのに非常に苦労することがある。このことは、子どもが初めてしつけの厳しい学校に入ったり、入った学校に知らない人が多い時は特にそうであるかもしれない。1学年のこの時期でぶり返しを防ぐためには、以下のことがらを試してみるとよいだろう。

- 新学期に予定されているすべてのオリエンテーションに両親と子どもが必ず出席する。
- 子どもにとって特に困難を伴なうであろうと思われるクラスや食堂、美術室、音楽室、体育館、運動場といった他の子どもたちとふれあう場所を重点的に、両親と子どもとが一緒になってプライベートで学校見学をする。うまく話をする上で潜在的な障害となっている点について話し合う。
- 学校で他の子どもと揉めたり、発話の困難な場所について相談することが必要であったり、他の適応問題や不安要因があったりする場合には、カウンセリングルームのような行くべきところを子どもに確認させる。
- 学校関係者に、子どもの緘黙歴、問題解決のストラテジー、ぶり返し防止のための重要な注意事項について知らせておく。
- 関連性がありしかも適切であると思われる場合は米国・リハビリテーション法第504計画条項に基づく計画をたてる。そうすれば、先生が終日子どもの発話をよりよく観察でき、子どもの発話練習が継続して行なわれたり、学習した科目の修正を加えたりすることができる。

- 子どもの場面緘黙への取り組みに責任を有する両親や先生、それに学校関係者間で定期的な連絡方法を確立する。
- 発話の頻度を高めたり交友関係づくりを後押したりするために、子ども自身が選択する課外活動に参加させる。

ブースターセッション*

　ぶり返しを防止するもう一つの方法は、読者や子どもの両親、それに場面緘黙を乗り越えた子どもとの間でのブースター（後押し）セッションや特別なミーティングである。ブースターセッションの目的は、読者の介入技法を再検討し、適切な発話を妨げる恐れのある将来的な問題について話し合うことである。このセッションは、しばしば新学期直前の「危険度の高い」時期や、かなりの言語インプットが求められる授業計画期間中に開かれる。カーソンに個別に対応する学校のソーシャルワーカーは、より頻繁で聞きとれる発話に必要な技能を高めるために、4学年が始まる前にカーソンや両親とミーティングすることを望むことがあるであろう。こうしたブースターセッションは、子どもが小学校から中学校へ、そして中学校から高等学校へと進学する際に特に重要となる。

子どもの成功の記念品

　子どもにとって楽しみとなるぶり返し防止策というのは、教育的介入期間中に子どもが獲得したものを形にするようなアート作品を子どもに作らせることである。たとえば、カーソンの場合は、クラスのみんなの前で大きな声で音読をしたり、同級生と運動場で遊んだり、ドアのところで挨拶したり、昼食の時にクラスメイトとおしゃべりしたりといったような難しい課題に取り組んでいる自分の姿を撮った写真を集めることができるだろう。こうした写真は、彼女の達成した成果を説明し、将来彼女が話すことに問題を抱えた時にどうすべき

[訳者註]
*ブースターセッション：ぶり返しを防止する方法のひとつ。環境の変化などによる発話の阻害を抑制するために、たとえば、学期や学年、あるいは学校が代わる節目の直前に実施される「後押し」の指導。

かということを思い出すのに役立てるために、モザイク状やその他の形にアレンジしたりすることができよう。子どもの発話での成功を物語るビデオテープ、お絵かき、雑誌、絵本、ポスターなども、こうした点で用いることができるであろう。

長期休み中の体系化された活動
　場面緘黙の履歴をもつ子どもは、学校が休みの間に特定の活動に参加し続けることから利益を得ることができる。たとえば、内気で他人と話すことのできなかった子どもは、学校が休みの間、社会的グループ、クラブ、チーム、その他の組織的活動にも参加することができるだろう。また、友だちとの遊び時間や楽しい夜の外出、あるいはお泊り会についてのとり決めをするために、以前のクラスメイトや現在の友だちと連絡をとり続けるということも期待できる。このアイディアは、不安をコントロールしたり、はっきりと話したり、他の者たちと会話をする能力を訓練しなければならない状況に子どもを絶えず置くということである。両親は、休み期間中も同様に継続して、子どもが話したり話すことができなかったりしたことについての結果を管理する必要がある。

正しい態度の維持
　ぶり返し防止の重要な部分は、子どもの発話にかかわる両親の態度である。このことには2つの意味がある。まず、両親は逆戻りを許してはならないということである。いったん子どもが一定の状況で他者に対して頻繁かつ聞きとれるように話しかけることができるようになれば、そのようにし続けることが必要である。たとえば、カーソンが教育的介入期間中にスーパーマーケットの人たちに挨拶することができたとすれば、彼女がそれを突然やめなければならないという理由はないのである。次に、両親は、適切な発話というのが常に求められているのだという態度をとり続けなければならない。できなかった場合の選択肢としては、仮に小さな問題が存在しても、子どもが常に社会的イベントに参加したり、他者にはっきりとした話しかけをしたりすることが期待されなければならないということである。子どもの登校については、読者が両親に適

切な態度をとり続けさせるよう手助けすることが、ぶり返しの防止として役立つであろう。

　場面緘黙の子どもたちの場合、大半の子どもたちが特に内気で控えめであるため、ぶり返し防止は彼らに対する重要な介入方法となる。本章では以下に、場面緘黙に関するその他の教育的介入をとり上げ、こうした子どもたちに特有の問題について論じている。いくつかのケースを首尾よく処理してぶり返し防止をするには、時には特別な方略が必要になるということが分かるであろう。

場面緘黙のためのその他の教育的介入

　本書で述べられている行動的アプローチは、場面緘黙や話すことを嫌がる子どもに使用される主要な教育的介入である。しかし、その他の介入は研究論文ですでに論じられているため、本書ではその要約を示している。場面緘黙のいくつかのケースでは、こうした介入と行動的アプローチの組み合わせが役立つかもしれない。他のいくつかのケースでは、他のアプローチが依然として効果的である場合であっても、複雑な行動的技法は実施不可能なこともある。

グループ介入

　場面緘黙症や話すことを嫌がる子どものためのグループ介入には、2人またはそれ以上の子どもたちに同時に実施される。このグループ介入にはいくつかの利点がある。第1に、エクスポージャー法に基づいた実践、随伴性マネジメント、ソーシャルスキルや言語訓練、そして他の関連技法を複数の子どもに一度で実施できるため、費用対効果*が高いということである。第2に、グループ介入を行なうことで適切な発話とソーシャルスキルの多岐にわたるモデリングが可能になることである。グループの子どもたちは、先生に話しかけたり、声量が増えたり、運動で同級生と交流したりするのをお互いに観察することができる。第3に、グループ介入によって場面緘黙の子どもたちは安全でストレ

[訳者註]
＊**費用対効果**：かけた費用に対して、どのくらいの効果があるかということ。本文の場合は、実施した支援に要した費用に対して、子どもたちにどのくらい効果があったのかということ。

スのない環境でスキル練習をすることができる。たとえば、グループにいる子どもたちは、お互いに自己紹介したり、お互いに言葉を補ったり、お互いにアイコンタクトをとり続けたり、話し合いをしたりすることができる。

最後に、グループ介入の場合はしばしば友情や社会支援の構築を容易にするので、このことは将来におけるぶり返しのリスクを軽減するかもしれない。

グループ介入は効果的ではあるが、注意をしなければならないことがいくつかある。第1に、教育的介入の期間中、子どもたち全員が同じ速度で進歩するわけではないということである。この間、進歩の速い子どももいれば、進歩に時間がかかる子どももいる。もちろん、他のメンバーがすでにあるレベルまで到達したからといって、準備ができていない子どもが何かをしなければならないと強いられているような気持ちにさせてはならない。第2に、子どもの年齢、認知機能や発話レベルの類似性に基づいたグループ編成をするべきである。年齢、発達上の能力または場面緘黙の程度の異なる子どもたちを一緒にしてはならない。子どもたちは、こうした特性に関して、個人的に自分たちとより親しいグループのメンバーからの肯定的な影響を手本とする傾向がある。

第3に、グループ内の場面緘黙児が、主に不安、反抗的行動、あるいはコミュニケーションのどれに関連した課題を抱えているかということを考える必要がある。主にこうした特性別となるような同質グループを維持するように勧めたい。たとえば、主に社会不安に関連のある場面緘黙児は、明らかにより反抗的な子どもとは切り離すことが必要である。もちろん、こうした特性で何人かが重複することもあるが、それは許容できるだろう。大半の場面緘黙の場合、その子どもたちの多くが不安や反抗的行動を示す特性を併せもっているということを思い出してほしい。最後に、グループをつくるのに十分な人数の子どもたちがいない場合には、本書で述べている手続きは、明らかに個人に適用されることになる。

家族療法

場面緘黙児に関する家族療法は、場面緘黙について家族を教育したり、家族のコミュニケーションの傾向を調査したり、巻き込まれ型や過剰支配型の親子

関係に対処したり、発話に対する家族の圧力を減らすことに言及している。第1章で述べたとおり、場面緘黙の特殊なケースに対する正式な家族療法を実行するための時間や資本はないかもしれないが、こうしたケースではある程度家族の原動力について検討することが、成功の要となる。

　研究者たちのうちの何人かは、場面緘黙の子どもを持つ両親はおとなしかったり、内気であったり、寡黙であったりする傾向があると指摘している。ある特定のケースに取り組んでいると、両親もまたより多くの社会的な、言語的な、あるいは他の相互作用的な行動をとる必要があることに気づくだろう。こうした両親はまた、場面緘黙についての長期的なネガティブな結果や、早期の介入の重要性に関するより多くの情報を必要とするだろう。ある親子の場合、子どもの生活の多くの面で親が過干渉であり、ひどく込み入った親子関係を形成している。教育的介入の過程の最中、両親に対して、どのように子どもに発話をさせ、自主的なエクスポージャー法に従事させるかということについて指示が必要であると思うことがあるかもしれない。親は不安を誘発する状況から子どもを「救出」したいと望むが、このことは子どもが不安をコントロールし、ソーシャルスキルや言葉のスキルを築き上げるために必要な実践をさせないということになる。

　別の親の場合は子どもに対するアプローチでより一層コントロールするか、あるいは親の意のままにしようとして、子どもが今話す気持ちになっていないと主張するだろう。こうしたケースでは、子どもがますます困難になる状況で徐々に発話するような、より一層慎重なアプローチが必要である。両親に対しては、こうした段階的な取り組みに同意し、子どもに話しかける時には敵対的な態度をなくし、厳しく罰しないようにすることを勧めるべきであろう。こうしたダイナミクスを検討することは、特に適度な報酬提示と行動制御を実施したり、指示を再構築したり、そして効果的な朝や他の時間帯の日課作成を両親と一緒に取り組んだりしながら、随伴性マネジメントの実践を行なうとよいだろう。

薬理学的介入*

　場面緘黙のための薬理学的介入や薬物療法については今日まで何人かの研究者が評価しているが、それを支持するデータはいまだ準備段階にある。場面緘黙に対する主な薬物としては、抗うつ剤、特にフェネルジン、フルオキセチン、セルトラリン、フルボキサミン、シタロプラム、パロキセチンなどがある。不安緩解剤や神経遮断薬のような他の薬は、あまり一般的には用いられていない。大半の研究では場面緘黙の症状を緩和する穏やかな効果が明らかにされているが、緘黙の障害を伴う幼い子どもにとって、かなり副作用や、食物と薬物の反作用があることが懸念されている。

　場面緘黙症の薬物は、身体的な興奮を緩和するかもしれないが、完全な徴候改善に必要とされる社会的あるいはそれに関連するスキルを強化するとは限らない。行動療法に伴った薬物療法は、場面緘黙症の重症例には最も有効であるかもしれない。エクスポージャー法に基づいた療法を実施するのに、明らかに治療の妨げとなる非常に重度の不安徴候を子どもが示す場合には、薬物療法が良い選択肢であるように思える。こうしたケースでは、小児科医または精神科医への紹介が必要であると思われる（第1章の紹介についての節を参照）。

インターネットによる教育的介入

　研究者の何人か（Fung, Manassis, Kenny, & Fiksenbaum, 2002）は、7歳の場面緘黙の子どもに対する革新的なインターネットベースのプログラム利用法を発表している。研究者たちは、毎週行なわれているセッションで、子どもの不安の徴候を認識し、特定のソーシャルスキルを使用し、そして不安をコントロールする技法を実践する中で、場面緘黙とは何かを教えることの重要性を力説した。発話練習が可能な状況などについての宿題が電子メールを通して提供されている。このアプローチはまだ準備段階であるが、家族が支援者と会いたがらなかったり会えなかったりする場合や支援者が場面緘黙児に直接会えない場合には有効であるだろう。

[訳者註]
＊薬理学的介入：たとえば、投薬などによって現在の状態を改善すること。薬物療法。

場面緘黙への教育的介入の特別な問題

　支援者が場面緘黙や話すことを嫌がる子どもに対応する場合、しばしば特別な問題が生じることに気づくことになる。ここでは、著者がクリニックで直面した数々の特別な問題と、著者と他の研究者がそれらの問題を克服し、最大の治療効果を得るために手掛けた方略のいくつかについて述べることにする。

バイリンガリズム（二ヵ国語併用者）

　場面緘黙のいくつかのケースで発生する特に難しい問題は、家族がバイリンガリズムであり、家庭で主に英語以外の言語が話される傾向があるということである。著者は数多くの場面緘黙のケースに出会ってきたが、その場合英語の習熟度が限られているため、学校で話をしない一部の子どもがいるということである。場面緘黙の診断基準というのは、社会的な場面で必要とされる話し言葉の知識が欠如していたり、その話し言葉を自由に操れない子どもを除外したものであることを思い出してほしい。最近になって韓国から米国に移住し、誰もが英語を話している小学校に通うようになった子どもの場合は、当然意志の疎通ができなかったので場面緘黙の診断を受けることもなかった。

　ここでの問題は、この診断基準に曖昧な部分が存在するということである。典型的な例としては、家庭で両親がスペイン語などのような英語以外の言語を主に話しているかそれしか話していないために、英語を話すことはできてもそれほど上手に話せない子どもの場合である。子どもはコミュニケーションの障害はなく喜んで話そうとしているのであるが、当然学校では居心地の悪さや自信のなさを感じている。こうした子どもの場合は、社会的な拒否を恐れたり、先生の話の理解に難しさがあるだろう。しかし、両親の使っている第一言語で話しかけられた場合であっても、こうした子どもの場合は恥ずかしがったり、話すことができなかったりする。

　こうした状況についてはいくつかの提案がなされ得よう。第1に、両親に対しては、今まで以上に家庭内で英語を話すように勧めたい。家族の価値観全体を変えろとまで言うつもりはないが、子どもの英語能力の向上が、学校で他の者に対してもはっきりと話しかける能力を高めることになるし、学業にも一層

の意欲をもって参加するようになるということを、ぜひ両親に伝えたい。このことは、ある場合には両親自身が英語を学ぶということになるだろうし、英語でもっと話のできる者を自宅に連れて来るということにもなるであろうし、あるいは1日のうちで決められた時間を英語の練習に当てるということにもなるだろう。これまで出会ったたいていの両親はこうしたアイディアを受け入れてくれたし、その理論的根拠も理解してくれている。

第2に、本書で論じられている技法については、バイリンガルの状況下にある子どもに対してなお適用することが可能である。支援者は両親の言語を話す通訳者や共同治療者の助けが必要になるかもしれないが、両親に対する伝言を子どもやきょうだいに通訳させないでもらいたい。こうしたケースでは、多言語を話せる学校関係者と連携することが特に必要かもしれない。

第3に、広範囲に渡るセルフモデリング（第4章参照）というのが、場面緘黙に取り組むことだけでなく、いかに読者や他の支援者が子どもの明瞭で聞きとれる英語の使用に積極的に応じるかを両親に示すことにも役に立つものであるかということを見出している。読者は、学校で自分たちの子どもが他の者に英語で話しているビデオテープを両親に見せて、このプロセスを広めたいと願うかもしれない。

第4に、ほとんど英語を話さなかったり、自分たちの子どもの教育の多くの面に無関心である両親の元を頻繁に訪問してほしい。この状況にある両親の多くは、親と先生との話し合いとか、学校のオリエンテーションや他のセッションへの参加とか、そして子どもの発話問題の介入についての話し合いとかを避ける。家庭への訪問は、ラポートを形成させ、場面緘黙をとり上げることの重要性を伝えさせ、家族の習慣や価値観を観察させ、家庭でのエクスポージャー法の実践を可能にさせてくれる。たとえば、報酬がなくても子どもは指示に従うべきであるといったような親の信念など、読者の介入に影響を与えるかもしれないいかなる文化的な要因についてもしっかりとした考察をするべきである。

最後に、子どもとその言語や学校における文化的価値観について否定的であったり、偏見をもっていたり、あるいは偏った見解をもっている問題について

の取り組みが必要であろう (Toppelberg, Tabors, Coggins, Lum, & Burger, 2005)。先生と他の学校関係者が時には英語に苦心する子どもたちを無視したり、その子たちに対して寛容性がなくなったりすることがある。クラスメイトもまた明らかに厳しい態度をとっていることがある。ストレスの多いしかも絶えず脅えているような学習環境にある子どもは、いくら熱心に介入をしたところであまり話をしたがらないであろう。したがって、場面緘黙のいくつかのケースでは、クラスや学校内で仲間はずれにされる行動を少なくするための体系的なアプローチを必要としている。

難しい親

　読者は今までに難しい親に会ったことがあるだろうか。もちろん、あるはずだ。親の何人かは共同作業をするということに対しては明らかに反対で、特定の問題について読者が提案するものの多くを拒むだろう。こうした両親は変化に対して敵対的で、懐疑的で、警戒心が強く、回避的で、しかも悲観的であるだろう。読者は場面緘黙児の何人かの親が好戦的で喧嘩好きであるということを見出すかもしれないが、子どもが年長であったり、注意欠陥・多動性障害や攻撃性などの多くの併発する問題を抱えていたりする場合は珍しいことではないのである。読者が敵対的であったり、理屈をこねる両親に出会ったりしたら、著者は一般に以下の方法を勧めたい。

- 電話や、電子メールや、日々の連絡帳などで両親と共同作業をするコンタクトを増やす
- 学校か自宅で両親と会い、子どもの発話の問題を説明したり、その問題の取り組みの方法について話し合う。可能であれば、専門家（例：小児科医、精神科医、セラピスト）を呼んでそのミーティングに参加してもらい、家族と共同作業をする
- 子どものニーズを受け入れ、効果的な教育的介入を可能にし得る米国・リハビリテーション法第504条項に基づく計画の展開や学校場面でのエクスポージャー法の実施といった選択肢を両親に提示する

・読者が提案する教育的介入の潜在的障害やそれらを克服するための提案について検討する
・教育的介入を阻害する恐れのある広範囲な両親や家族の問題について他の専門家の意見を求める必要性があるかを検討する
・可能であれば、より頻繁でしかも聞きとれる声で発話するということについて、すでに読者の側で行なった子どもに対する予備介入が、どれほど効果があったかということについて概略の説明を行なう（当てはまる場合）

　場面緘黙児の両親と支援に取り組む場合、著者は、攻撃性以外の問題がより一般的であるということを見出している。第1に、こういった両親の多くは、少々内気で、おとなしいか、あるいは無口であるということである。そのため、子どもが場面緘黙であることを認めるのが遅くなり、場面緘黙の概念を理解することに苦労し、その初期の姿が他の社会的・学業的問題につながっていることを理解できないでいる可能性がある。第1章で述べたように、多くの両親は、自分たちの子どもは単なる内気なだけであり、その子が現在学校で直面している問題からゆくゆくは「成長して困難な状態から抜け出す」だろうと信じている。
　著者は、子どもの1対1での非音声言語がいかに大きく逸脱しているかということについて、できるだけ詳細に両親に伝えることを強く勧めたい。先生からの報告、学業成績、そして読者の主張を支持する他のデータについて両親と話し合ってほしい。両親のための最良の証拠のうちのひとつは、当該の個人は含んでいるが、クラス内で自分が観察されているとは子ども自身に悟られないやり方で行なう方法が最良である。たとえば、彼らの子どもがクラスメイトよりはるかに口数が少なく（あるいはまったく話さない）、グループ活動に加わらず、悲しそうで不安な様子をしているということを両親に見てもらうとよい。また、著者は、両親に一般的な内気と場面緘黙の違いを理解してもらうように勧めたい。内気な人の場合はまだ他人との交わりがあるし学業成績が伸びれば喜ぶが、場面緘黙の子の場合はたとえ話すことがあっても稀であり、本質的に社会的ないし学業的な問題に結びつきかねないということである。

第7章　ぶり返し防止、他の介入および特別な問題

　家庭場面でのエクスポージャー法や学校場面でのセルフモデリングなどのような制限付きの教育的介入計画を始めることを許してもらえるように、気のすすまない両親を説得しよう。こうした取り組みにできる限り両親を参加させるようにし、子どもの進歩を見せよう。たとえば、ちょっとしたエクスポージャー法であっても支援者と子どもの間で楽しい会話に発展したり、学校場面での先生のエクスポージャー法で子どもがトイレに行ってもよいかと尋ねるようになることを両親が知ることになるかもしれないのである。集中的な教育的介入が、いかに彼らの子どもが頻繁にそして聞きとれる声で発話することで他の具体的な進歩につながる可能性があるかということについて概略を両親に説明する。

　一般的な第2の問題は教育的介入をその通りに実行してくれないことである。このことは、一部の両親が、子どもを発話する状況に置く機会を増やしたり、適切な結果を管理したり、子どものソーシャルスキルを発達させたり、あるいは学校で実施された言語プログラムを家庭でも行なったりするという提案をあまりうまく実行に移せていないということを意味している。こうした提案を実行することで混乱する親もいれば、他にはエネルギーや動機づけ、それに見合う力量をもたない親もいるのである。理由がどうであれ、支援をその通りに実行してくれない場合は、場面緘黙に本気でとり掛かろうとする試みを著しく損ねることになるだろう。

　教育的介入を正しく実行してくれない場合は、多分いくつかの方法を用いて対処できるかもしれない。第1に、なぜ親が読者の提案に従うことに困難を感じているのかということを明らかにすることである。親には、しばしば（提案に従わない）妥当な意図をもっていることがあっても、単に複雑な教育的介入を実行するエネルギーや時間に加えてスキルがないという場合もある。通常、著者は両親が素晴らしい教育的介入計画に同意してくれた後で、何かうまくいかなくなる可能性があるかということを彼らに尋ねている。両親が持ち出してくるその潜在的な問題の数にいつも驚かされているが、そうした問題についてはすべて介入が始まる前に検討することが必要である。たとえば、子どもが店員にはっきりとした声で言わない場合にアイスクリームを与えないということ

に非常に苦労しているとか、正式なエクスポージャー法のスケジュールに取り組む用意が十分できていないといったりすることがあるかもしれない。他の場合では、教育的介入を始める前に友達とのもめごとを解決したり、乗り気でない先生にもっとしっかりと介入プロセスに参加してくれるように同意してもらう必要があるかもしれない。

　教育的介入を家族の能力に合わせて簡略化する必要があるかもしれない。このことは、介入ペースにもっと時間的な余裕をもたせ、1週間の親と子どもに与えるセラピーの宿題量を減らし、あるいは両親と子どもが優れている領域に力点を置くことになるであろう。後者に関しては、両親と子どもたちが不安管理スキルの実践や社会環境での自発的なエクスポージャー法の取り組みにまったく問題ないことが分かるだろう。両親や子どもができることに力点を置くということは、少なくとも、発話に対して何らかの成果を生み出し、問題の悪化を防ぐ上で役立ってくれるだろう。

　両親や学校関係者が介入を実行し始めた後、多くの子どもたちの問題行動が増えるということには注意が必要である。問題行動の増加は往々にして両親に現状を黙認させることになる。こうした問題行動の場合は、癇癪、代替行動の増加、泣き叫び、またはより重篤な引きこもり行動といった形で表われるであろう。両親は、こうした可能性を認識し、結果を通して問題行動を消去する指導を受け（第5章参照）、エクスポージャー法のような介入の構成要素を維持することが必要である。

精神疾患の合併症

　第1章で述べたように、ある種の精神疾患やその他の問題の場合では、時々場面緘黙と合併する。一般的な例としては、不安障害、うつ病あるいは心理的外傷と関連する経験であるが、他の問題も含まれていることがある。特にエクスポージャー法など、本書で紹介している教育的介入技法の多くもまた、全般的不安、分離不安や社会不安の度合いが高い子どもたちに役立つものである。もし場面緘黙の子どもが様々な状況で不安を見せているような場合は、筋弛緩や呼吸法、エクスポージャー法、それに認知療法が適用できるかもしれない。

発話の領域と同様、最終的に子どもが克服可能な不安を誘発する状況に関する不安の階層についても作成することができる（第3章参照）。

悲しみと抑うつもまた、子どもが特に社会的に隔離されているような場合は、場面緘黙の一部となっていることもある。多くの場合、子どもが他者とより快適に会話できるようになるにつれて悲しみの反応は消失する。もし、場面緘黙の子どもがとりわけ悲しんでいるように見える場合は聞きとれる発言を増やす技法に加えて、ソーシャルスキル・トレーニングや課外活動への参加、そして友情を深めることを重視することである。しかし、特に思春期などの場合では、うつ病の併発が場面緘黙と深い関連性がないので、深刻な問題であるかもしれない。したがって、児童心理学者や精神科医への紹介を勧めたい（第1章参照）。

最後に、発話ができないということは、時として子どもが経験した心的外傷との関係があるかもしれない。たとえば、本人や家族の病気とか、事故、虐待、あるいはクラスメイトのいじめなどである。発話ができないことや拒否するということは、実際には虐待を避けようとする子どもたちにとっての適応行為であるのかもしれない。こうしたケースは、場面緘黙の支援を進める前に、子どもにトラウマとなる出来事に取り組ませるなど、一般的なものよりもはるかに慎重な取り組み方法が必要となる。その他の場合であれば、おそらく場面緘黙の治療によって子どもが心的外傷となる出来事についての話し合いができるようになるだろう。しかし、子どもが心的外傷後ストレス障害の症状を示している場合は、児童心理学者か精神科医への紹介を勧めたい。

知的障害およびその他の発達の遅れ

場面緘黙の場合に生じる他の特別な問題は、知的障害やその他の重大な発達の遅れである。

第6章で挙げているいくつかの事項についてもまた、場面緘黙やその他の発達の遅れの子どもたちをとり扱う上で役立つであろう。その他のケースとしては、発達の遅れが著しい（たとえば、自閉症）場合は、その問題にふさわしい言語訓練が必要がある。重度の認知的制約を抱えている場面緘黙の子どもに対し

ては、認知的な技法は避けて行動的技法（例：エクスポージャー法を基本とした療法、シェイピング、随伴性マネジメント）に重点を置き、使用するアプローチを適応性やソーシャルスキルの向上を目的とした他のプログラムに統合する形で、ゆっくりとしたペースで教育的介入を行なうことが必要である。

本章のまとめと次章の紹介

　場面緘黙や話すことを嫌がる子どもに対応する際に、本書が役立ってくれればと願っている。著者や著者が担当している大学院学生たちは、これまで数年にわたって多くの場面緘黙や話すことを嫌がる子どもたちの治療を行なってきており、こうしたケースの多くがどれだけ時間を要するものであり、激しいものであり、個人的にはフラストレーションの溜まる作業であるかということを承知している。ぜひ、こうした子どもたちと取り組んでいる仕事が極めて重要であるということは忘れないでいただきたい。子どもが初めうまく話したり定期的にうまく話したりするようになったとしても、周りからの報酬や賞賛をうまく自覚できないかもしれないが、読者が、その子の人生に途方もなく大きな変化をもたらしたのだという確信をもってほしい。話ができなくても子どもが達成することができたかもしれないことに比べると、社会的にも学問的にもはるかに大きな進歩を遂げるためのドアを開いてきたのである。この偉大な作業を続けていただきたい。

監訳者あとがき

　山口大学教育学部特別支援教育講座の松岡勝彦先生、須藤邦彦先生とのコラボにより、本書を出版できることをほんとうに嬉しく思う。これで、カーニー（Kearney, C. A.）の著書の中で私たちが注目してきた3冊のうちの2冊の翻訳が完了したことになる。1冊目は、『親子でできる引っ込み思案な子どもの支援』で、ソーシャルスキル・トレーニングとリラクセーションの技法が具体的に説明されていた。学苑社より2014年8月に出版していただいたところである。本書は、これに次ぐものであり、索引を見てもお分かりいただけるように、不安を背景として生じる場面緘黙の臨床像に対して、行動療法のうちのレスポンデント技法、オペラント技法、認知的技法のすべてが検討されている。そして、本書はスクールカウンセラーや先生、管理職、スクールソーシャルワーカーなど、学校を活動の場とする専門家のために執筆されている。さらに、残る1冊は不登校の状態にある子どもの支援に関するカーニーの著作で、これまでの2冊にはない"機能的行動アセスメント"の視座が示されており、そちらも参考になる。

　ややもすると、本人の性格や特性のせいにされたり、家族の構造や力動にその原因が帰属されがちな場面緘黙という課題を、"行動"として捉え、行動理論に基づくアプローチによりその解決を図ろうとするところに本書のユニークな点がある。それゆえに、一歩一歩支援を進めることができる。ただし、本書にはわが国ではあまり馴染みのない心理検査や言語検査が数多く登場し、翻訳の過程で松岡先生や須藤先生を苦しめることとなった。そのような翻訳の苦労が伴う作業であった。それでも、例によって、作業が滞りがちな私たちを鼓舞し、支援していただいた学苑社・社長の杉本哲也氏には感謝である。本書を先生方が手にとり、お子さんとご家族と一緒に課題解決に向かって連携することを頭に置きながら編集作業を続けてくれた。お蔭で、何とか形にすることがで

きたと思っている。

　実際、学校の先生方が本書を役立てようとするとき、あまりにもすることが多いと感じるかもしれない。けれども、本書は不安を少しでも和らげ、対人ないし社会的経験を積むことができるように環境を調え、行動やスキルを発展させることができるようにかかわり、得られた成果や変容を持続させられるよう留意する、という順番で執筆されている。このアウトラインを頭に置いていただければ、本書の内容を実践しやすくなるのではないかと思う。場面緘黙を示す子どもたちは不安で窮屈な思いをしているに違いない。もてる力を十分に発揮できていないかもしれない。共に歩む親や先生の心配も、きっと大きなものに違いない。本書を一つの手がかりとして、"困っている"子どもたちの支援の一助となれば幸いである。また、米国との文化差もあるため、わが国独自の手法も発展していくに違いない。場面緘黙児支援の領域において、そのような発展がもたらされ、ウェルビーイングな状態に彼らが置かれるようになることを祈ってやまない。

大石幸二

文　献

第2章で紹介している評定尺度の出版元・情報

Multi-Health Systems (North Tonawanda, NY, www.mhs.com).
Pearson/PsychCorp (San Antonio, TX, www.pearsonassessments.com, www.psychcorp.com).
Pro-Ed (Austin, TX, proedinc.com).
Western Psychological Services (Los Angeles, CA, wpspublish.com).

Child Behavior Checklist and Teacher's Report Form (Achenbach System of Empirically Based Assessment, www.aseba.org).
Children's Depression Inventory (Multi-Health Systems, www.mhs.com).
Child Symptom Inventory-4 (Western Psychological Services, www.wpspublish.com).
Conners Rating Scales (Multi-Health Systems, www.mhs.com).
Multidimensional Anxiety Scale for Children (Multi-Health Systems, www.mhs.com).
Screen for Child Anxiety-Related Disorders (from author Boris Birmaher, Department of Psychiatry, Western Psychiatric Institute and Clinic, Pittsburg, PA).
Social Anxiety Scale for Children-Revised and Social Anxiety Scale for Adolescents (from author Annette La Greca: *Social anxiety scales for children and adolescents: Manual and instructions for the SASC, SASC-R, and SAS-A [adolescents], and parent versions of the scales.* Department of Psychology, University of Miami, Miami, FL).
Social Phobia and Anxiety Inventory for Children (Multi-Health Systems, www.mhs.com).

参考文献・資料

American Psychiatric Association. (2000). *Diagnostic and statistical manual of mental disorders* (4th ed., text revision). Washington. DC: Author.

Arie, M., Henkin, Y., Lamy, D., Tetin-Schneider, S., Apter, A., Sadeh, A., & Bar-Haim, Y. (2007). Reduced auditory processing capacity during vocalization in children with selective mutism. *Biological Psychiatry, 61*, 419–421.

Baskind, S. (2007). A behavioural intervention for selective mutism in an eight-year-old boy. *Educational and Child Psychology, 24*, 87–94.

Beare, P., Torgerson, C., & Creviston, C. (2008). Increasing verbal behavior of a student who is selectively mute. *Journal of Emotional and Behavioral Disorders, 16*, 248–255.

Bell, N. (2005). Imagery and language comprehension: "If I can't picture it, I can't understand it." In L. S. Wankoff (Ed.), *Innovative methods in language intervention: Treatment outcome measures: Can the data support the claims?* (pp. 241–268). Austin, TX: Pro-Ed.

Bergman, R. L., Keller, M. L., Piacentini, J., & Bergman, A. J. (2008). The development and psychometric properties of the Selective Mutism Questionnaire. *Journal of Clinical Child and Adolescent Psychology, 37*, 456–464.

Bergman, R. L., Piacentini, J., & McCracken, J. T. (2002). Prevalence and description of selective mutism in a school-based study. *Journal of the American Academy of Child and Adolescent Psychiatry, 41*, 938–946.

Bishop, D. V. M., & Snowling, M. J. (2004). Developmental dyslexia and specific language impairment: Same or different? *Psychological Bulletin, 130*, 858–886.

Carlson, J. S., Mitchell, A. D., & Segool, N. (2008). The current state of empirical support for the pharmacological treatment of selective mutism. *School Psychology Quarterly, 23*, 354–372.

Cohan, S. L., Chavira, D. A., Shipon-Blum, E., Hitchcock, C., Roesch, S. C., & Stein, M. B. (2008). Refining the classification of children with selective mutism: A latent profile analysis. *Journal of Clinical Child and Adolescent Psychology, 37*, 770–784.

Cohan, S. L., Chavira, D. A., & Stein, M. B. (2006). Practitioner review: Psychosocial interventions for children with selective mutism: A critical evaluation of the literature from 1990–2005. *Journal of Child Psychology and Psychiatry, 47*, 1085–1097.

Cohan, S. L., Price, J. M., & Stein, M. B. (2006). Suffering in silence: Why a developmental psychopathology perspective on selective mutism is needed. *Journal of Developmental and Behavioral Pediatrics, 27*, 341–355.

Cunningham, C. E., McHolm, A. E., & Boyle, M. H. (2006). Social phobia, anxiety, oppositional behavior, social skills, and self-concept in children with specific selective mutism, generalized selective mutism, and community controls. *European Child and Adolescent Psychiatry, 15*, 245–255.

Elizur, Y., & Perednik, R. (2003). Prevalence and description of selective mutism in immigrant and native families: A controlled study. *Journal of the American Academy of Child and Adolescent Psychiatry, 42*, 1451–1459.

Facon, B., Sahiri, S., & Riviere, V. (2008). A controlled single-case treatment of severe long-term selective mutism in a child with mental retardation. *Behavior Therapy, 39*, 313–321.

Fisak, B. J., Oliveros, A., & Ehrenreich, J. T. (2006). Assessment and behavioral treatment of selective mutism. *Clinical Case Studies, 5*, 382–402.

Ford, M. A., Sladeczeck, I. E., Carlson, J., & Kratochwill, T. R. (1998). Selective mutism: Phenomenological characteristics. *School Psychology Quarterly, 13*, 192–227.

Fung, D. S. S., Manassis, K., Kenny, A., & Fiksenbaum, L. (2002). Web-based CBT for selective mutism. *Journal of the American Academy of Child and Adolescent Psychiatry, 41*, 112–113.

Gallagher, A. L., & Chiat, S. (2009). Evaluation of speech and language therapy interventions for pre-school children with specific language impairment: A comparison of outcomes following specialist intensive, nursery-based and no intervention. *International Journal of Language and Communication Disorders, 44*, 616–638.

Garcia, A. M., Freeman, J. B., Francis, G., Miller, L. M., & Leonard, H. L. (2004). Selective mutism. In T. H. Ollendick & J. S. March (Eds.), *Phobic and anxiety disorders in children and adolescents* (pp. 433–455). New York: Oxford University Press.

Gathercole, S. E., & Alloway, T. P. (2006). Practitioner review: Short-term and working memory impairments in neurodevelopmental disorders: Diagnosis and remedial support. *Journal of Child Psychology and Psychiatry, 47*, 4–15.

Greenspan, S. I. (2005). The developmental, individual-difference, relationship-based (floor time) model: The role of affective interactions in the development of and intervention with language. In L. S. Wankoff (Ed.), *Innovative methods in language intervention: Treatment outcome measures: Can the data support the claims?* (pp. 1–54). Austin, TX: Pro-Ed.

Hulme, C., & Snowling, M. J. (2009). *Developmental disorders of language learning and cognition*. Malden, MA: Wiley-Blackwell.

Jackson, M. F., Allen, R. S., Boothe, A. B., Nava, M. L., & Coates, A. (2005). Innovative analyses and interventions in the treatment of selective mutism. *Clinical Case Studies, 4*, 81–112.

Kearney, C. A. (2007). *Getting your child to say "yes" to school: A guide for parents of youth with school refusal behavior*. New York: Oxford University Press.

Kearney, C. A. (2008). *Helping school refusing children and their parents: A guide for school-based professionals*. New York: Oxford University Press.

Kearney, C. A., & Albano, A. M. (2007). *When children refuse school: A cognitive-behavioral therapy approach/Parent workbook* (2nd ed.). New York: Oxford University Press.

Kearney, C. A., & Albano, A. M. (2007). *When children refuse school: A cognitive-behavioral therapy approach/Therapist's guide* (2nd ed.). New York: Oxford University Press.

Kearney, C. A., & Vecchio, J. L. (2007). When a child won't speak. *Journal of Family Practice, 56*, 917–921.

Keen, D. V., Fonseca, S., & Wintgens, A. (2008). Selective mutism: A consensus based care pathway of good practice. *Archives of Disease in Childhood, 93*, 838–844.

Kristensen, H. (2000). Selective mutism and comorbidity with developmental disorder/delay, anxiety disorder, and elimination disorder. *Journal of the American Academy of Child and Adolescent Psychiatry, 39*, 249–256.

Kristensen, H. (2001). Multiple informants' report of emotional and behavioural problems in a nation-wide sample of selective mute children and controls. *European Child and Adolescent Psychiatry, 10*, 135–142.

Kristensen, H., & Oerbeck, B. (2006). Is selective mutism associated with deficits in memory span and visual memory?: An exploratory case-control study. *Depression and Anxiety, 23*, 71–76.

Krysanski, V. (2003). A brief review of selective mutism literature. *Journal of Psychology, 137*, 29–40.

Kumpulainen, K. (2002). Phenomenology and treatment of selective mutism. *CNS Drugs, 16*, 175–180.

Kumpulainen, K., Rasanen, E., Raaska, H., & Somppi, V. (1998). Selective mutism among second-graders in elementary school. *European Child and Adolescent Psychiatry, 7*, 24–29.

Law, J., Garrett, Z., & Nye, C. (2004). The efficacy of treatment for children with developmental speech and language delay/disorder: A meta-analysis. *Journal of Speech, Language, and Hearing Research, 47*, 924–943.

Letamendi, A. M., Chavira, D. A., Hitchcock, C. A., Roesch, S. C., Shipon-Blum, E., & Stein, M. B. (2008). Selective Mutism Questionnaire: Measurement structure and validity. *Journal of the American Academy of Child and Adolescent Psychiatry, 47*, 1197–1204.

Lindamood, P., & Lindamood, P. (2005). The Lindamood phoneme sequencing program and the seeing stars program. In L. S. Wankoff (Ed.), *Innovative methods in language intervention: Treatment outcome measures: Can the data support the claims?* (pp. 203–240). Austin, TX: Pro-Ed.

Madell, J. R. (2005). Auditory processing and auditory integration training. In L. S. Wankoff (Ed.), *Innovative methods in language intervention: Treatment outcome measures: Can the data support the claims?* (pp. 175–201). Austin, TX: Pro-Ed.

Manassis, K. (2009). Silent suffering: Understanding and treating children with selective mutism. *Expert Review of Neurotherapeutics, 9*, 235–243.

Manassis, K., Fung, D., Tannock, R., Sloman, L., Fiksenbaum, L., & McInnes, A. (2003). Characterizing selective mutism: Is it more than social anxiety? *Depression and Anxiety, 18*, 153–161.

Manassis, K., & Tannock, R. (2008). Comparing interventions for selective mutism: A pilot study. *Canadian Journal of Psychiatry, 53*, 700–703.

McHolm, A. E., Cunningham, C. E., & Vanier, M. K. (2005). *Helping your child with selective mutism: Practical steps to overcome a fear of speaking.* Oakland, CA: New Harbinger.

McInnes, A., Fung, D., Manassis, K., Fiksenbaum, L., & Tannock, R. (2004). Narrative skills in children with selective mutism: An exploratory study. *American Journal of Speech-Language Pathology, 13*, 304–315.

Mesibov, G. B., & Shea, V. (2005). The TEACCH method: Structured teaching. In L. S. Wankoff (Ed.), *Innovative methods in language intervention: Treatment outcome measures: Can the data support the claims?* (pp. 85–109). Austin, TX: Pro-Ed.

Miller, S. L., Calhoun, B. M., Agocs, M. M., DeLey, L., & Tallal, P. (2005). Fast ForWord language: A research update. In L. S. Wankoff (Ed.),

Innovative methods in language intervention: Treatment outcome measures: Can the data support the claims? (pp. 141–174). Austin, TX: Pro-Ed.

Ollendick, T. H., & Cerny, J. A. (1981). *Clinical behavior therapy with children.* New York: Plenum (now Springer).

O'Reilly, M., McNally, D., Sigafoos, J., Lancioni, G. E., Green, V., Edrisinha, C., Machalicek, W., Sorrells, A., Lang, R., & Didden, R. (2008). Examination of a social problem-solving intervention to treat selective mutism. *Behavior Modification, 32,* 182–195.

Pionek Stone, B., Kratochwill, T. R., Sladeczek, I., & Serlin, R. C. (2002). Treatment of selective mutism: A best-evidence synthesis. *School Psychology Quarterly, 17,* 168–190.

Remschmidt, H., Poller, M., Herpertz-Dahlmann, B., Hennighausen, K., & Gutenbrunner, C. (2001). A follow-up study of 45 patients with elective mutism. *European Archives of Psychiatry and Clinical Neuroscience, 251,* 284–296.

Sallows, G. (2005). Applied behavior analysis and the acquisition of social language in autistic children. In L. S. Wankoff (Ed.), *Innovative methods in language intervention: Treatment outcome measures: Can the data support the claims?* (pp. 55–83). Austin, TX: Pro-Ed.

Schill, M. T., Kratochwill, T. R., & Gardner, W. I. (1996). An assessment protocol for selective mutism: Analogue assessment using parents as facilitators. *Journal of School Psychology, 34,* 1–21.

Sharkey, L., & McNicholas, F. (2008). More than 100 years of silence, elective mutism: A review of the literature. *European Child and Adolescent Psychiatry, 17,* 255–263.

Sharkey, L., McNicholas, F., Barry, E., Begley, M., & Ahern, S. (2008). Group therapy for selective mutism—A parents' and children's treatment group. *Journal of Behavior Therapy and Experimental Psychiatry, 39,* 538–545.

Sharp, W. G., Sherman, C., & Gross, A. M. (2007). Selective mutism and anxiety: A review of the current conceptualization of the disorder. *Journal of Anxiety Disorders, 21,* 568–579.

Steinhausen, H.-C., & Juzi, C. (1996). Elective mutism: An analysis of 100 cases. *Journal of the American Academy of Child and Adolescent Psychiatry, 35,* 606–614.

Steinhausen, H.-C., Wachter, M., Laimbock, K., & Metzke, C. W. (2006). A long-term outcome study of selective mutism in childhood. *Journal of Child Psychology and Psychiatry, 47,* 751–756.

Toppelberg, C. O., Tabors, P., Coggins, A., Lum, K., & Burger, C. (2005). Differential diagnosis of selective mutism in bilingual children. *Journal of the American Academy of Child and Adolescent Psychiatry, 44,* 592–595.

Vecchio, J. L., & Kearney, C. A. (2005). Selective mutism in children: Comparison to youths with and without anxiety disorders. *Journal of Psychopathology and Behavioral Assessment, 27,* 31–37.

Vecchio, J., & Kearney, C. A. (2007). Assessment and treatment of a Hispanic youth with selective mutism. *Clinical Case Studies, 6,* 34–43.

Vecchio, J., & Kearney, C. A. (2009). Treating youths with selective mutism with an alternating design of exposure-based practice and contingency management. *Behavior Therapy, 40,* 380–392.

Viana, A. G., Beidel, D. C., & Rabian, B. (2009). Selective mutism: A review and integration of the last 15 years. *Clinical Psychology Review, 29,* 57–67.

Warren, S. F., & Yoder, P. J. (2004). Early intervention for young children with language impairments. In L. Verhoeven & H. van Balkom (Eds.), *Classification of developmental language disorders: Theoretical issues and clinical implications* (pp. 367–381). Mahwah, NJ: Erlbaum.

Webb, T., Baker, S., & Bondy, A. (2005). The picture exchange communication system (PECS). In L. S. Wankoff (Ed.), *Innovative methods in language intervention: Treatment outcome measures: Can the data support the claims?* (pp. 111–139). Austin, TX: Pro-Ed.

Yeganeh, R., Beidel, D. C., & Turner, S. M. (2006). Selective mutism: More than social anxiety? *Depression and Anxiety, 23,* 117–123.

Yeganeh, R., Beidel, D. C., Turner, S. M., Pina, A. A., & Silverman, W. K. (2003). Clinical distinctions between selective mutism and social phobia: An investigation of childhood psychopathology. *Journal of the American Academy of Child and Adolescent Psychiatry, 42,* 1069–1075.

索　引

〈ア行〉
アイコンタクト　23
アセスメント　8
内気　17
エクスポージャー法　16
応用行動分析　142

〈カ行〉
外顕的問題　39
階層　65, 69
介入　118
葛藤　36
強化　118
筋弛緩　22
行動観察　30
呼吸法　22
コンサルテーション　65

〈サ行〉
シェイピング法　23
刺激フェイディング法　22
自己効力感　64, 96
自然な強化事態　106
社会的相互作用　104
社会的な不安　1
社会的引きこもり　12, 92
社会不安　12
身体的な不快感　63
心的外傷　12
心配事　114
心理療法　138
随伴性　19, 20
随伴性マネジメント　20
セルフモデリング　24
ソーシャルスキル・トレーニング　26

〈タ行〉
代替行動　14
対人相互作用　137

〈ナ行〉
内在的問題　51
認知的介入　88
認知療法　19, 151

〈ハ行〉
罰　118, 122
話し言葉　10
般化　143
非言語性コミュニケーション　10
標準的な言語検査　10, 138
不安管理スキル　153
ブースターセッション　159
不合理な認知への介入　104, 113
ぶり返し　1, 131
プロンプティング法　23
米国・リハビリテーション法第504条項に基づく計画　130
報酬　118, 122

〈マ行〉
モデリング　107

〈ラ行〉
臨床心理査定　30
連携　128

著者紹介

著者

クリストファー・A・カーニー（Christopher A. Kearney, Ph.D.）

ネバダ大学ラスベガス校の心理学教授。附属の不登校・不安障害クリニック所長、臨床トレーニングの責任者を兼任。ニューヨーク州立大学アルバニー校で博士号を取得した後、ミシシッピ大学メディカルセンターでインターンを経験し、1990年にネバダ大学ラスベガス校に着任。専門分野は、児童や青年に見られる(1)怠学や不登校、(2)児童虐待によるPTSD、(3)場面緘黙、(4)社会不安・不安関連障害など多岐にわたる。

監訳者

大石　幸二（おおいし　こうじ）（監訳、監訳者あとがき）

立教大学現代心理学部・教授。1967年生まれ。筑波大学大学院心身障害学研究科博士課程単位取得満期退学。専門は、応用行動分析、特別支援教育、臨床発達心理学。
主な著書・訳書：『親子でできる引っ込み思案な子どもの支援』（監訳、学苑社）『通常学級における特別支援教育の視点に立った学級経営―未来志向の教育デザイン』（編著、学苑社）『社会福祉学事典』（分担、丸善）、『社会性発達支援のユニバーサルデザイン』（分担、金子書房）他。

訳者

松岡　勝彦（まつおか　かつひこ）（第5章）

山口大学教育学部・教授。1967年生まれ。筑波大学大学院心身障害学研究科博士課程修了。博士（教育学）。専門は、応用行動分析、特別支援教育、臨床心理学。
主な著書：『学校支援に活かす行動コンサルテーション実践ハンドブック―特別支援教育を踏まえた生徒指導・教育相談への展開』（分担、学苑社）『こうすればできる：問題行動対応マニュアル―ADHD・LD・アスペルガー障害の理解と支援』（分担、川島書店）他。

須藤　邦彦（すとう　くにひこ）（第1章）

山口大学教育学部・講師。1980年生まれ。明星大学大学院人文学研究科博士課程修了。博士（心理学）。専門は、応用行動分析、特別支援教育、障害児臨床心理学。
主な著書・訳書：『学校コンサルテーション―統合モデルによる特別支援教育の推進』（分担訳、学苑社）『みるみるわかる心理学アセスメント―学ぶ・使う・活かす』（分担、明星大学出版）。

分担訳者

垣内友香・田中奈々（第2章）

安樂あきほ（第3章）

永井愛・藤原尚子（第4章）

國井美沙（第6章）

廣谷奈緒子（第7章）

先生とできる
場面緘黙の子どもの支援 ©2015

2015年4月15日　初版第1刷発行

著者　　クリストファー・A・カーニー
監訳者　大石幸二
訳者　　松岡勝彦・須藤邦彦
発行者　杉本哲也
発行所　株式会社　学　苑　社
　　　　東京都千代田区富士見2-10-2
電話(代)　03（3263）3817
fax.　　 03（3263）2410
振替　　 00100-7-177379
印刷　　 藤原印刷株式会社
製本　　 株式会社難波製本

検印省略　　　　乱丁落丁はお取り替えいたします。
　　　　　　　　定価はカバーに表示してあります。

ISBN978-4-7614-0770-4 C3037

親子でできる引っ込み思案な子どもの支援

C・A・カーニー 著　大石幸二 監訳　●A5判／本体2200円＋税

引っ込み思案を克服するためのワークシートを活用した練習方法、ソーシャルスキルやリラクセーションなどを紹介。

場面緘黙Q&A
▼幼稚園や学校でおしゃべりできない子どもたち

かんもくネット 著　角田圭子 編　●B5判／本体1900円＋税

72のQ&Aをベースに、緘黙経験者や保護者らの生の声などを載せた110のコラム、そして17の具体的な実践で構成。

どうして声が出ないの？
▼マンガでわかる場面緘黙

金原洋治 監修　はやしみこ 編　●A5判／本体1500円＋税

「なぜ声が出ないのか、どうすればよいのか」を具体的にマンガで説明。適切な対応の手引き書となる。

なっちゃんの声
▼学校で話せない子どもたちの理解のために

はやしみこ ぶんとえ　金原洋治 医学解説　かんもくネット 監修　●B5判／本体1600円＋税

「どうしていつもしゃべらないの？」子どもたちの疑問にやさしく答える絵本。場面緘黙を理解するための医学解説も収録。

通常学級における特別支援教育の視点に立った学級経営
▼未来志向の教育デザイン

大石幸二 編　久木健志・石河信雅・中内麻美 著　●四六判／本体1400円＋税

「子どもたちの学び」と「教師の学び」を重ね合わせながら、教育イノベーションを生み出すための仕組みについて提示。

エビデンスに基づいた吃音支援入門

菊池良和 著　●A5判／本体1900円＋税

吃音外来医師の著書が、マンガや図表を多用し、吃音の最新情報から支援までをわかりやすく解説。長澤泰子氏推薦！

吃音のリスクマネジメント
▼備えあれば憂いなし

菊池良和 著　●A5判／本体1500円＋税

「子どもが、からかわれたらどうしよう」と心配な親御さん、吃音の相談に戸惑う医師やST、ことばの教室の先生のために。

学齢期吃音の指導・支援【改訂第2版】
▼ICFに基づいたアセスメントプログラム

小林宏明 著　●B5判／本体3600円＋税

多くの現場の教師や言語聴覚士に活用されているプログラムの改訂版。プログラムはより簡素化され、資料なども大幅加筆。

学校支援に活かす 行動コンサルテーション実践ハンドブック
▼特別支援教育を踏まえた生徒指導・教育相談への展開

加藤哲文・大石幸二 編著　●A5判／本体2800円＋税

行動コンサルテーションを行なう上で必要な概念や技法そしてツールの解説とともに、豊富な実践事例を紹介。

学校コンサルテーション
▼統合モデルによる特別支援教育の推進

W・P・アーチュル／B・K・マーテンズ 著　大石幸二 監訳　●A5判／本体4500円＋税

専門家が学校の実情に応じた教師に対する支援を効果的・効率的に展開するために、必須の基本的情報を網羅した。

〒102-0071　東京都千代田区富士見2-10-2　**学苑社**　TEL 03-3263-3817（代）　FAX 03-3263-2410
http://www.gakuensha.co.jp/　info@gakuensha.co.jp